KB062631

마케팅
모르고 절대
사업하지
않습니다

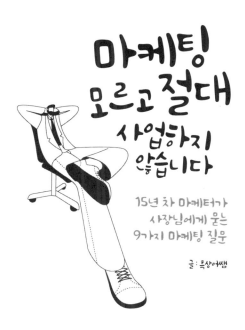

# 마케팅 모르고 절대 사업하지 않습니다

15년 차 마케터가
사장님에게 묻는
9가지 마케팅 질문

글 : 흑상어쌤

다반
정성스런 책

# 바라보는 생각을 바꾸고 배운 것을 행동으로 옮겨야 한다

지금은 마케팅 전성시대라고 해도 과언이 아닙니다. '마케팅' 관련 기사는 1시간에 200건 이상 올라오고 인스타그램에는 '#마케팅' 해시태그# 콘텐츠가 74,000개 이상이며 구글에서 '마케팅'으로 검색되는 동영상이 360만 개가 넘습니다. 교보문고에 '마케팅'으로 검색되는 책과 콘텐츠는 64,000건이 넘습니다. '요리', '레시피'보다 많고 '옷', '패션'보다 많으며 '여행', '관광'보다 많습니다. 일상에서 우리가 무엇을 먹고 어떤 옷을 입고 어디를 가든지 모든 곳에는 '마케팅'이 그림자처럼 항상 따라다닙니다. 이제는 우리 생활에서 '마케팅'은 따로 떼놓고 생각할 수 없다는 뜻입니다.

이제 '마케팅'은 전문 용어가 아니고 누구나 알고 사용하는 일상용어입니다. 우리가 일상생활에 도움이 되는 다양한 꿀팁과 노하우를 찾고 써먹듯이 마케팅도 마찬가지입니다. 마케팅을 나와 고객의 문제해결을 돕는 하나의 도구로 생각하고 어떻게 잘 활용하느냐에 따라 비즈니스뿐만 아니라 일상에서도 많은 변화를 만들 수 있습니다. 전문가와 비전문가의 구분이 무색해지는 많은 것들처럼 이제는 마케팅도 전문가의 영역에서 벗어나 누구나 활용하고 사용해야 하는 시대가 왔습니다.

이 책은 현재 진행하고 있는 마케팅이 뭔가 문제가 있는데 이유를 알 수 없어 답답하거나, 처음 마케팅을 시작할 때 무엇부터 해야 할지 잘 모르는 사람을 위한 책입니다. 한마디로 '마케팅이 무엇인가?'를 다른 사람에게 설명하지 못하는 사람을 대상으로 합니다. 특히 조직 내부에 경력과 경험이 많은 별도의 마케팅팀을 구성하기 어려운 비교적 규모가 작은 중소기업, 1인 기업, 스타트업, 자영업 등의 대표자 또는 마케팅 관련 담당자를 대상으로 합니다.

우리가 어딘가 몸이 아픈데 이유를 모르면 답답할 때가 있습니다. 많은 경우는 큰 병이 아님에도 불구하고 혹시나 하는 마음에 불안함을 느낍니다. 그리고 병원에 가서 진료를 받고 설명을 듣고 난 후에야 안도의 한숨과 함께 마음속의 불안과 뭔가 모를 답답함이 비로소 해소됩니다.

이런 현상을 마케팅에 비유해 보겠습니다. 지금 하고 있는 마케팅에 어떤 문제가 있는데 그 원인을 알지 못하고 찾을 수 없다면 몸이 아픈 것과 똑같은 현상이 발생됩니다. 문제의 원인이 크고 복잡한 것이 아님에도 불구하고 이유를 모르기 때문에 계속적으로 답답하기도 하고 실제 문제보다 무언가 더 큰 문제로 여길 때가 있습니다.

큰 질병이 아닌데도 불구하고 이유를 몰라서 답답함을 느끼는 사람에게 필요한 것은 전문적인 의학 용어로 원인을 분석하는 것이 아닙니다. 답답함의 이유를 알기 쉽게 설명해 주고 당장 필요한 조처를 할 수 있는 행동을 알려 주는 것입니다. 예를 들면 찬바람을 피하고 따뜻한 물을 마시거나 때마다 약을 챙겨 먹는 것 등입니다. 마찬가지로 마케팅도 어떤 문제의 원인을 살펴볼 때 숫자나 데이터에 너무 매몰되거나 전문적인 용어에 집착하는 것은 주의해야 합니다. 그것보다는 문제를 더 크게 키우지 않거나 문제의 원인을 제거할 수 있는 구체적인 행동을 가능한 한 빨리 실행하는 것이 중요할 때가 많습니다.

이 책에서는 어려운 전문 용어나 복잡한 수식과 데이터는 이야기하지 않습니다. 그보다는 지금 진행하고 있는 마케팅을 왜 답답하게 느끼는지 그 이유와 그 문제를 해소할 수 있는 방법을 이야기합니다.

저는 최근 약 4개월 동안 10kg을 감량했습니다. 살이 쪄서 몸이 무거워지니 더 움직이기 싫어지고 입는 옷도 매일 같은 옷만 입었습니다. 더는 안 되겠다 싶어서 집 근처 피트니스 센터에 등록했습니다. 운동은 어떻게 해야 하고 식단 관리는 어떻게 해야 하는지 상담받은 후 가장 먼저 한 일은 기존의 식습관을 바꾼 것입니다. 늦은 시간에 먹던 치킨 등 야식을 끊고 점심 식사는 채소 위주로 하고 탄수화물 대신 단백질 중심의 식습관으로 바꿨습니다. 매일 비슷한 시간에 1시간 이상 꾸준히 근력 운동과 유산소 운동을 병행했고 피트니스 센터를 못 가는 날에는 유튜브를 보며 집에서 홈트레이닝을 했습니다.

운동을 시작한 후 처음 1~2개월은 몸무게가 그대로 유지되나 싶더니 어느 순간부터는 일주일에 2~3kg씩 빠졌습니다. 살이 찌는 이유를 알고 원인을 제거하는 행동을 꾸준히 실행하니 몸무게는 자연스럽게 줄었습니다.

기본적인 다이어트를 위한 운동이나 식습관 방법은 누구나 알고 있는 상식에 가깝습니다. 예를 들면 저녁 6시 이후 공복을 유지하고 꾸준한 운동과 물을 많이 마시고 빵, 국수, 밥과 같은 탄수화물을 줄이는 대신 채소, 과일, 닭가슴살 등을 먹는 것입니다. 이미 잘 알고 있는 내용임에도 불구하고 그것이 어려운 가장 큰 이유는 단지, '하지 않아서'입니다.

즉, '안 하는 것을 선택'했기 때문입니다. 말로는 "살 빼야 하는데…."라며 실제로는 다이어트에 도움이 되는 식습관이나 운동은 하지 않기 때문입니다.

한편으로는 '하는 것을 선택'할 계기가 만들어지지 않았기 때문이기도 합니다. 이 계기는 결코 다른 사람이 만들어 주지 못합니다. 본인이 직접 그 계기를 겪거나 만든 후에야 '안 하는 것'에서 '하는 것'으로 선택을 바꿀 수 있습니다.

'말을 물가로 끌고 갈 수는 있어도 억지로 물을 마시게 할 수는 없다.'

마케팅도 마찬가지입니다. 당장 네이버나 유튜브에 '마케팅'을 검색하면 수백, 수천 건의 마케팅 콘텐츠를 무료로 볼 수 있습니다. 마음만 먹으면 언제 어디서든 마케팅에 대해 궁금한 거의 모든 것을 글과 영상으로 배울 수 있습니다. 그뿐만 아니라 최근 많은 분야에서 핫한 '챗GPT'와 같은 대화형 인공지능 서비스를 이용하면 글, 이미지, 영상 등 마케팅 콘텐츠도 손쉽게 만들고 볼 수 있습니다.

하지만 안타깝게도 실행하지 않는 사람에게는 아무리 많은 고급 지식이나 정보를 가르쳐 주고 눈앞에 정답을 펼쳐 보여 줘도 아무 소용이 없습니다. '안 하는 것을 선택'했기 때문입니다. 미국의 철학자 윌리엄 제임스의 명언 중에 "행동이 늘 행복을 가져다주진 않는다. 그러나 행동 없이 행복은 없다."라는 말이 있습니다. 마케팅은 이론도 중요하지만, 무엇보다도 실행이 중요한 분야입니다. 실행하지 않는다면 마케팅 책을 수백 권 읽고, 전문가의 고액 강의를 듣고, 새로운 기술과 서비스가 눈앞에 등장해도 지금과 바뀔 것은 아무것도 없습니다.

마케팅을 바라보는 생각을 바꾸고 배운 것을 행동으로 옮길 때만이 지금 하는 마케팅의 답답함을 해결할 수 있습니다. 따라서 지금 하는 마케팅에 문제가 있거나 무엇부터 시작해야 할지 잘 몰라서 고민하는 사람이라면 빨리 그 답답한 이유를 찾고 해소할 방법을 실행해야 합니다. 그리고 그 시작은 기존에 가지고 있던 마케팅에 대한 고정관념이나 편견을 버리고 새로운 마케팅 마인드셋mindset, 사고방식, 태도으로 바꾸는 것입니다.

저는 한 권의 책을 읽는 것은 한 명의 멘토를 만나는 것과 같다고 생각합니다. 또한 한 권의 책에서 한 가지 메시지라도 배우고 실행한다면 그 책을 읽은 가치는 충분하다고 생각합니다. 그리고 저는 이것을 '1·1·1 독서법'이라고 부릅니다.

모쪼록 이 책을 읽고 나서 지금 겪고 있는 마케팅에 관한 답답함을 풀 수 있는 한 가지 메시지를 발견하고 마케팅을 '보는 것'에서 '하는 것'으로 선택할 계기가 되길 진심으로 바랍니다.

2023년 무더운 여름날
흑상어쌤

# II 9개의 질문으로 마케팅블록 쌓기

# III 실전 마케팅 레벨업

**에필로그**

# I

# 마케팅
# 마인드셋

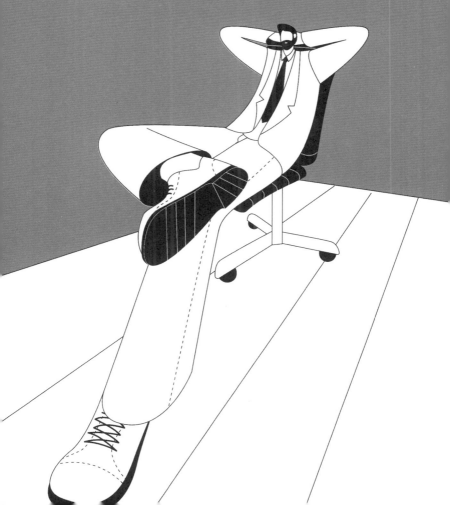

# 01

# 아는 것과 안다고
# 생각하는 것

## ☞ 그런데 말입니다

15년 이상 광고와 마케팅 업계에서 일하며 많은 기업의 대표자 또는 브랜드 담당자를 만났습니다. 이야기를 나누다 보면 요즘에는 마케팅을 잘해서 성공한 회사도 많고 마케팅이 정말 중요하다고 강조하며 말합니다. 우리 제품의 품질이 좋아서 이제 마케팅만 잘하면 지금보다 훨씬 사업이 잘되고 회사도 성장할 텐데 그러지 못해 답답하다고 합니다. 안타깝게도 마케팅에 투자할 예산도 없고 마케팅도 어렵고 어떻게 해야 할지 모르겠다고 덧붙입니다.

고민이 이해는 됩니다. 상대적으로 규모가 작은 조직에서 마케팅에 높은 비중을 두고 내부에서 직접 진행하는 것이 쉬운 일은 아닙니다. 마케팅을 위한 예산이 많은 것도 아니고, 그것을 전담할 직원을 채용하기도 쉽지 않습니다. 마케팅 대행사와 처음 일할 때 어떤 대행사와 함께해야 하는지도 잘 모르겠고 지금 함께하는 대행사가 하는 마케팅이 잘하는 것인지 아닌지도 판단하기가 어렵습니다.

그런데 말입니다.

좀 더 얘기를 나누다 보면 '마케팅이 정말 중요하다'라고 말하는 것만큼 '진짜로 중요하다고 생각하는지'는 의문이 생깁니다.

잘 모른다는 이유로 현재의 마케팅을 개선하거나 새로운 도전을 하지 않습니다. 시간이 지나면 언젠가는 고객들이 알아주겠지 하면서 별다른 실행을 하지 않는 일도 있습니다. 또는 목표와 전략도 없이 일부 예산의 여유가 생기거나, 누가 좋다고 한번 해보라고 하는 것을 듣고 계획 없이 예산을 쓰는 일도 있습니다.

대표자가 마케팅을 모르거나 마케팅 담당자도 원래 다른 업무를 하는 사람이거나 또는 낮은 급여의 인턴사원 한 명을 채용해 마케팅 관련 일을 모두 맡기는 일도 있습니다. 때에 따라서는 제품의 성수기 때마다 일부 편법이나 꼼수를 쓰는 불량한 대행사를 찾아 단기적인 성과만을 노리는 일도 비일비재합니다.

마케팅 책 한 권 읽지 않고 마케팅 강의 한 번 듣지 않으면서 마케팅이 정말 중요하다고 말하는 사람이 있다면, 정말 말하는 것만큼 마케팅을 중요하다고 생각하는 게 맞는 걸까요?

## ☞ 돈을 쓰는 일 VS 돈을 버는 일

한 가지 질문을 드립니다.
"마케팅은 돈을 쓰는 일인가요? 돈을 버는 일인가요?"

이 질문에 답을 하기 전에 다음 세 가지 주장을 먼저 들어보고 판단하기를 바랍니다.

첫째, "기업은 돈을 벌어야 생존하고 지속될 수 있어서 돈 버는 일이 가장 중요하다."
둘째, "기업이 돈을 벌기 위해서는 돈을 가지고 있는 고객이 있어야 한다."
셋째, "마케팅은 고객을 모으는 일이다."

위의 세 가지 주장에 모두 동의한다면 '마케팅은 돈을 쓰는 일인지 아니면 돈을 버는 일인지' 정리해 보겠습니다. "기업은 생존을 위해 돈을 버는 일이 가장 중요하다. 돈을 벌려면 고객이 있어야 한다. 마케팅은 고객을 모으는 일이다. 따라서 마케팅은 고객을 모아 기업이 생존할 수 있는 돈을 버는 중요한 일이다."로 정리가 됩니다.

경영 컨설턴트이며 다수의 마케팅 베스트셀러 작가인 간다 마사노리는 그의 저서 『큰돈 버는 기회는 모두가 어렵다고 할 때 찾아온다』에서 매출을 올리는 두 가지 기술을 이야기합니다.

> "매출을 올리는 기술이란 크게 두 가지다. 첫째, 고객을 모을 수 있다. 둘째, 상품을 팔 수 있다. 보통 사람이 성공하려면 '보통 상품'을 원하는 고객을 모아야만 하는 것이다. 고객 수가 많으면 매출도 쉽게 오른다. 집객력은 그야말로 회사에 얼마만큼의 이익을 남길 수 있는가를 좌우하는 가장 중요한 기술인 것이다."

마케팅이야말로 고객을 모으고 상품을 파는 일과 떼려야 뗄 수 없는 핵심 능력입니다. 만약 위에서 정리한 것처럼 마케팅이 돈 버는 일이라고 동의한다면, 마케팅 책을 보고 강의도 들으며 모르는 것을 배우고 실행하는 게 맞는 걸까요? 아니면 언젠가는 고객이 알아주겠지 하며 기다리는 게 맞을까요?

여유가 생길 때만 마케팅에 투자하는 게 맞는 걸까요? 아니면 마케팅에 필요한 예산을 계획해서 처음부터 비용으로 확보해 두어야 하는 게 맞는 걸까요?

인건비를 아낀다는 이유로 인턴 직원 한 명을 채용하거나 직무와 관계없는 직원에게 마케팅을 맡기는 게 맞는 걸까요? 아니면 필요한 마케팅을 할 수 있는 직원을 채용하거나 팀을 제대로 구성하는 게 맞는 걸까요?

단기적인 성과를 위해 꼼수나 편법을 일삼는 대행사와 일하는 게 맞을까요? 아니면 시간이 걸리더라도 제대로 성과를 내고 노하우를 배울 수 있는 대행사를 찾아 파트너로 함께 일하는 게 맞을까요?

딘 그라지오시의 『백만장자의 아주 작은 성공 습관』에서 소개한 이야기입니다. 회사 파산 후에 재기에 성공한 건강보조식품 브랜드 중 하나인 바이오 트러스트 뉴트리션의 CEO 조시 베코니는 자신의 성공 습관 중 한 가지를 이렇게 이야기합니다.

"자신이 원하는 일의 경험자를 고용하자. 훌륭한 군사를 고용하지 마라. 당신이 훈련받아서 그들의 역할을 할 수 있다. 대신 장군을 고용하라. 당신의 역할을 당신보다 더 잘 알고 있다. 그들이 자신 아래에서 일할 군사들을 고용하게 하여라."

마케팅을 제대로 실행할 수 있는 사람을 채용하거나 파트너와 일해야 합니다. 대표자, 마케팅 담당자가 마케팅을 배우지 않거나 몰라서는 안 됩니다.

다시 질문을 드립니다.
"가장 중요한 돈 버는 일을 몰라도 될까요?"


## ⊙- 대박의 이유

다양한 기업의 마케팅 담당자와 이야기하다 보면 가끔 경쟁사의 '대박' 제품에 관해 들을 때가 있습니다. 경쟁사 상품의 성분, 구성, 가격은 말할 것도 없고 제품 개발과 탄생 비화뿐만 아니라 마케팅과 광고까지 모두 꿰고 있습니다. 담당자로서 아주 당연하고 훌륭한 기본자세라고 생각합니다.

그런데 이렇게 경쟁사의 '대박' 제품과 광고, 마케팅까지 모르는 것이 없는 담당자는 이상하게도 자사 제품의 마케팅에서 답답함을 겪고 있는 것이 공통점입니다. 또한 마케팅을 이해하지 못하는 결정권자에 대해 답답해하거나 자사 제품의 우수성을 몰라주는 소비자에 대해 답답해하는 경우가 많습니다. 자신이 알고 있는 경쟁사 사례를 따라 하면 잘될 텐데 그렇지 못한 조건과 상황에 무척 아쉬워합니다. 잘하고 싶어 하는 담당자의 마음은 이해하지만, 함께 일하면서 조금 더 자세히 지켜보면 몇 가지 의문이 생깁니다.

결과가 있으면 당연히 그 결과에 이르는 과정도 있습니다. 즉, 어떤 상품이 대박이 나면, 겉으로 보이는 성공에 가려져 다른 사람의 눈에는 안 보이는 과정도 있다는 이야기입니다. 그리고 그 대박 상품의 마케팅 담당자도 지금의 나와 비슷한 조건과 환경에서 경쟁사의 성공사례를 보며 비슷한 고민을 했을 수도 있습니다. 어쩌면 내가 한두 번 시도하고 포기한 마케팅 전략을 그 담당자는 꾸준히 시도하고 개선하며 대박이 날 때까지 포기하지 않고 했을 수도 있습니다. 즉 겉보기와 다른 속사정이 있고 무슨 제품이든 어떤 마케팅이든 하루아침에 세상이 깜짝 놀랄 만한 대박 나는 제품은 없다는 이야기입니다.

보고 배울 만한 성공사례를 많이 알고 있는 것은 마케

팅을 배우는 데 필요한 일입니다. 아이디어를 떠올릴 때도 큰 도움이 됩니다. 하지만 거기서 한 걸음 더 들어가서 결과보다 그 결과에 이르는 과정을 알고 배우는 것이 더 중요합니다. 뒤에서 좀 더 자세히 이야기하겠지만 벤치마킹benchmarking, 특정 대상의 장점을 보고 따라 배우기을 잘하는 방법이기도 합니다.

단순히 마케팅을 잘해서 대박이 난 거라며 누구나 눈에 보이는 현상에 대해, 마치 그것이 전부인 양 이야기할 것이 아닙니다. 경쟁사의 담당자도 분명히 어려움과 답답함이 있었을 것입니다. 중요한 것은 그 어려움과 답답함을 어떻게 해결했느냐 하는 '과정'입니다.


2016년 세계적으로 관심을 끌었던 바둑 이벤트가 있었습니다. 바로 구글 딥마인드에서 개발한 바둑 인공지능 프로그램 알파고와 이세돌 9단의 대국對局이었습니다. 총 5번 진행된 대국에서 이세돌 구단이 승리했던 4국의 78수는 '신의 한 수'라고 평가받았습니다.

대국 후에 구글에서 이세돌 9단의 78수를 둘 확률을 계산했습니다. 만약 알파고가 이세돌 9단이었다면, 알파고가 그 수를 둘 확률은 0.007%였습니다. 말 그대로 '신의 한 수'였습니다. 만약 이세돌 9단의 '신의 한 수'를 알고 있다고 해도 아무나 알파고를 이길 수는 없습니다. 그 수를 놓기까지의 과정이 없다면 '신의 한 수를 알고 있는 것' 그 자체는 의미가 없습니다.

　마찬가지로 대박 상품의 마케팅이 무엇인지, 광고가 무엇인지 아는 것도 중요하지만, 그것을 알고 있다고 해서 대박의 이유와 과정까지 아는 것은 아닙니다. 그리고 모든 과정은 실행을 필수로 동반합니다. 산의 정상에서 바라보는 멋진 풍경은 사진과 영상으로 얼마든지 볼 수 있습니다. 하지만 그것을 아무리 많이 보더라도 실제로 그 산을 오르는 방법까지 아는 것은 아닙니다.

　혹시 성공사례의 결과를 알고 있다고 해서 그 방법과 과정까지 모두 알고, 실행할 수 있다고 생각하진 않으시나요?

## ◈ Action Point

☑ 마케팅이 중요하다면 그것을 잘하기 위해 무엇을 하는지 생각해 봅니다.

☑ 마케팅은 내가 가치를 제공할 고객을 모으는 일입니다.

☑ 마케팅은 돈을 버는 중요한 일이라는 것을 믿어야 합니다.

☑ 내가 마케팅을 잘 모른다면 더더욱 경험 있는 파트너와 일해야 합니다.

☑ 대박의 결과를 아는 것보다 과정을 배우고 실행하는 것이 중요합니다.

## 02

# 리더의 마케팅 vs.
# 보스의 마케팅

### ☞ 사장님 귀는 당나귀 귀

KBS2 예능 프로그램 중에 〈사장님 귀는 당나귀 귀〉가 있습니다. 공식 홈페이지에서 '일할 맛 나는 일터를 만들기 위한 대한민국 보스들의 자발적 자아 성찰 프로그램'이라고 소개합니다.

프로그램의 제목은 〈임금님 귀는 당나귀 귀〉 이야기로 잘 알려진 '신라 경문왕의 귀 설화'에서 가져온 것 같습니다. 한 가지 재미있는 사실은 이 이야기가 우리나라에서만 전해 내려오는 이야기가 아니라는 점입니다. 터키, 프랑스, 루마니아, 러시아, 그리스, 아일랜드, 칠레 등 범세계적으로 비슷한 이야기가 전해 내려온다고 합니다.

각설하고 방송이 아닌 현실에서도 일할 맛 나는 일터를 만들기 위한 보스의 '자발적 자아 성찰'이 말처럼 쉽게 가능할까요? 제 생각은 '어렵다'입니다.

누구라도 쉬운 일은 아니지만, '보스boss'들의 자발적 자아 성찰이 어려운 이유 세 가지를 이야기해 보겠습니다.

첫째, 지위가 낮은 사람의 듣고 싶어 하지 않는 이야기는 안 듣기 때문입니다.

자신이 듣고 싶은 이야기는 이미 정해져 있습니다. 한마디로 '답정너'답은 정해져 있고 너는 답만 하면 돼'의 줄임말입니다. 대화와 의견 교환보다는 '어디 한번 나를 설득해 봐'라는 자세로 '답이 정해진 100분 토론'처럼 이야기하기 때문입니다.

두 번째, 과거에 자신이 이루었던 성공방식을 진리처럼 굳게 믿고 있기 때문입니다.

실패는 기억하지 않습니다. 오직 자신의 방식으로 이룬 성공의 기억만 남아 있고 그것이 진리인 것처럼 생각합니다. 하루가 멀다고 달라지는 세상을 인정하기보다는 지금의 세상이 왜 문제인지를 과거의 경험에서 답을 찾습니다.

세 번째, CEO 또는 대표란 직책에 대해 '보스'의
이미지를 갖고 있습니다.

여기서 의미하는 보스란 지시와 복종의 상하관계가 명확
하고 어떤 일이 있더라도 자기 생각과 의지를 관철해야 한
다고 생각하는 사람입니다. 직책을 중요하게 생각하고 권위
와 카리스마 있는 강한 모습을 보여 줘야 한다고 생각한다
는 의미입니다.

리더와 보스의 가장 큰 차이점 중 하나는 리더leader는 그
를 따르고 롤모델로 삼는 추종자가 있는 반면에 보스boss는
이익을 주고받는 관계와 고용인이 있는 것입니다.

위의 세 가지 이유를 모두 가진 사람은 '대화와 공감 능력
이 부족하고 권위적인 사고방식을 가진 사람'이라고 할 수
있습니다. 그리고 이런 사람을 소위所謂 '꼰대'라고 합니다.
꼰대의 전형적인 특징을 가진 보스는 '자발적 자아 성찰'이
어렵습니다. 왜냐하면 스스로가 무엇이 문제인지를 인지하
지 못하기 때문입니다. 자발적 자아 성찰할 이유를 찾지 않
습니다. 문제를 해결하는 시작은 문제를 인지하는 것부터입

니다. 하지만 문제를 인지하지 못하니 당연히 스스로 해결할 방법이 없습니다. 특이하게도 자신이 '꼰대'라는 것을 알고 즐기는 사람도 있습니다. 그야말로 중증重症이고 답이 없습니다.

임금님의 귀가 당나귀 귀처럼 커진 이유는 더 먼 곳 백성들의 소리까지 세세히 잘 듣고 어진 정치를 펼쳐 성군聖君이 되라는 뜻이 담겨 있다는 것을 잊어서는 안 됩니다.


## ⊙ 꼰대들의 전성시대

최근에는 '꼰대'가 꼭 40대 이상의 중년 남성을 의미하지 않습니다. 나이의 많고 적음과 상관없이 '대화와 공감 능력이 부족하고 권위적인 사고방식을 가진 사람'을 의미하며 2030 '젊은 꼰대'도 등장했습니다.

구인구직 매칭플랫폼 '사람인'에서 직장인 1,945명을 대상으로 조사한 '직장 내 젊은 꼰대 유무'의 결과를 보면 무려 응답자의 75%가 직장 내 '젊은 꼰대'가 있다고 대답했습니다. 그리고 꼭 필요한 조언, 잘못 등을 알려 주는 상대방을 '꼰대'라고 지칭하고 소통을 아예 차단해 버리거나, 선배를 이용하고 무시하는 이들을 뜻하는 '역꼰대'라는 신조어도 등장했습니다. 꼰대, 젊은 꼰대, 인턴 꼰대, 착한 꼰대, 역꼰대 등 오히려 꼰대가 아닌 사람을 찾기가 힘들 지경입니다.

그런데 누군가를 꼰대라고 하는 이유 중 한 가지 공통점이 있습니다. 그것은 어느 꼰대를 막론하고 '자기 경험이 전부인 양 충고하며 본인의 답을 강요하거나 가르치려고 한다.'라는 것입니다. 바꿔 말하면 소통과 공감 능력이 부족하다는 뜻입니다.

앞서 보스의 자발적 자아 성찰이 어렵다고 이야기했는데, 단순히 꼰대라서가 아닙니다. 자신의 문제를 인지하지 못하고 있어서 해결 방법을 모르는 데다가 과거 자기 경험을 정답으로 고집부리고 강요하기 때문입니다. 한마디로 불통이고 대화가 안 된다는 뜻입니다.


마케팅은 '소통'과 '공감'을 기본으로 합니다. 마케팅에서의 '소통과 공감의 대상은 고객, 내부, 파트너가 있습니다. 이 대상 중 어느 하나라도 소통과 공감에 문제가 생긴다면 마케팅이 계획대로 실행되기 어렵습니다. 소통과 공감을 기본으로 마케팅하기 위해서 시급히 해결해야 할 문제는 크고 대단한 마케팅 비전과 전략을 세우는 것보다 '보스'의 꼰대 탈출'이 우선입니다. 그렇지 않으면 중요한 마케팅 의사결정이 모두 '보스의 과거 경험'에 의존하게 됩니다.

혹시라도 일이 잘못되는 것을 알아도 그 누구도 보스의 과거 경험에 반대하는 의견을 내지 않을뿐더러 일의 책임에 대해서도 조금씩 발을 빼게 됩니다. 그 결과 마케팅의 성공 여부를 가를 중요한 타이밍과 고객을 놓치는 것은 당연한 결과입니다. 조직의 중요한 마케팅 결정을 할 수 있는 대표자 또는 담당자는 과거의 경험과 고집에서 벗어나 마케팅에 대한 새로운 이해의 폭을 넓히고 다른 사람의 다양한 의견에 대해 소통과 공감을 해야 합니다. 그러면 내부와 파트너의 적극적인 참여를 끌어내 보스가 아닌 고객을 위한 마케팅을 실행할 수 있습니다. 소통과 공감은 '꼰대 탈출'뿐만 아니라 성공적인 마케팅의 기본입니다.

『CEO에서 사원까지 마케팅에 집중하라』의 저자이며 런던 경영대학원의 마케팅 교수 니르말야 쿠마르는 그의 저서에서 이렇게 말합니다.

"기업의 목표는 고객의 욕구를 충족시키고 고객을 위한 가치를 창출하는 것이다. 고객을 위한 가치 창출은 마케팅 부서만이 아니라 전체 조직이 유기적으로 연계할 때 가능하다."

마케팅에는 정해진 하나의 답은 없습니다. 그리고 다른 회사의 답이 우리 회사의 답이 되지도 않을뿐더러 과거의 답이 오늘의 답이 아닐 수 있습니다. 따라서 마케팅의 답은 '보스의 경험'이 아닌 '고객의 경험'에서 찾아야 합니다.

지금 하고 있는 마케팅은 누구의 경험을 향하고 있는지 생각해 보시기 바랍니다.


## ⊙– 각인각색, 대표자 열전

그동안 미팅, 제안, 강의, 대행을 하면서 다양한 규모, 업종의 많은 대표자를 만나서 함께 일했습니다. 그리고 세상에 똑같은 사람은 없듯이 만났던 대표자도 백이면 백 모두 달랐습니다. 비즈니스가 비슷한 경우에도 외모, 성격, 나이, 스타일, 생각, 회사 규모, 조직, 상품 등 어느 하나 똑같은 것이 거의 없었습니다.

그중에는 나이는 50대지만 마케팅 트렌드에 대한 소식과 이해가 20대, 30대 직원보다 더 빠르고 깊은 대표자도 있었고, 반대로 20대 새내기 대표자이지만 전통적이고 오래된 마케팅을 선호하는 사람도 있었습니다. 경력에 비해 문제의 본질을 파악하는 능력이 뛰어난 사람도 있었고 수십 년 이상 업계의 잔뼈가 굵은 경력자지만 마케팅은 왕초보라고 할 수 있는 사람도 있었습니다.

비슷한 목적과 조건이라도 대표자의 유형에 따라 마케팅을 진행하는 방향이나 과정이 달랐습니다. 각인각색, 천차만별, 모두가 서로 다른 캐릭터를 가진 사람이지만 '대표자'라는 한 단어로 묶어 본다면 제가 만난 대표자를 다음의 5가지 유형으로 구분할 수 있습니다.

첫 번째 "누가 기침 소리를 내었는가?" 관심법 '궁예' 유형

무엇이든 한번 보기만 해도, 듣기만 해도 모든 것을 다 안다고 하는 유형입니다.

두 번째 "무조건 도와주세요." '하소연' 유형

예산이고 일정이고 조건이고 그게 뭐든지 간에 일단 무조건 도와 달라는 유형입니다.

세 번째 "몰라~ 알 수가 없어" '알아서 잘~' 유형

어떤 설명을 하든지 이야기의 끝은 "난 잘 모르니까 알아서 잘~"이라고 하는 유형입니다.

네 번째 "못 먹어도 고" '끝까지 간다' 유형

다양한 사례, 의견과 분석에도 아랑곳없이 처음 본인 생각대로만 밀어붙이는 유형입니다.

다섯 번째 "내가 해봐서 아는데" '만물박사' 유형

어느 분야건 모르는 것이 없고 안 해본 것이 없는 알파고, 챗GPT 같은 인공지능 유형입니다.

이 책을 읽고 있는 대표자가 본인을 조금이라도 객관적으로 바라보는 데 도움을 드리고, 담당자가 각 유형의 대표자와 잘 소통하는 데 도움을 드리고자 5가지 유형의 대표자와 일하는 법을 소개합니다.

첫 번째 '궁예' 유형부터 살펴보겠습니다.

드라마 '태조 왕건'에서 김영철 배우가 연기한 '궁예'의 대사 중 "누가 기침 소리를 내었는가?"를 연기하는 장면이 한동안 인터넷에서 많은 패러디를 만들어 내며 인기를 끌었습니다. '궁예' 유형의 특징은 '뭐든지 한 번만 보거나 들으면 다 안다고 하는 것'입니다. 그래서 뭔가 설명을 좀 덧붙이려고 하면 "아 됐어. 뭔 말인지 알아. 이해했어."라며 더 이상의 설명을 거부합니다. 그리고 본인의 생각을 이야기하기 시작합니다.

문제는 본인의 이야기가 오늘 미팅의 목적이나 주제와 방향이 다를 때가 많다는 것입니다. 당장 급하거나 중요한 주제가 아니기도 합니다. 이야기 중간에 자르기도 어렵고 오늘 나눈 이야기의 내용을 어디까지 이해한 것이냐고 묻기도 어렵습니다.

'궁예' 유형은 다른 사람의 입장이나 의견에는 관심이 부족합니다. 그러다 보니 듣기보다 말하기가 바쁩니다. 그래서 함께 일하는 사람이 자신의 의견이나 생각보다 대표자가 무슨 말을 하는지에만 관심을 두기 쉽습니다. 다양한 의견이 공유되기 어렵다는 뜻입니다.

다른 유형에 비해 상대적으로 결정이 빨라서 일을 진행하기는 어렵지 않습니다. 왜냐하면 본인이 이미 알고 있다고 생각하고 그대로 결정하기 때문입니다. 하지만 마케팅은 고객을 위해 하는 것이지 대표자 본인을 위해 하는 것이 아닙니다. 그래서 미팅 이후에 담당자들이 다시 내용을 정리하는 경우가 많고 결과 보고는 대표자의 의견 위주로 보고하는 경우가 생깁니다.

이 유형의 대표자와 일할 때는 진행되는 내용에 대해 어디까지 이해하고 결정을 한 것인지를 꼭 확인해야 합니다.

자신의 결정이 옳다고 믿고 있다 보니 번복하기 어려울 수 있다는 점을 고려해서 물어야 합니다.

생각을 바꾸겠다는 의도는 버려야 합니다. 그것보다 대표자가 원하는 것을 해결할 수 있는 다른 좋은 방법도 있다는 것을 제안하는 것이 좋습니다. 어렵지만 대표자가 원하는 것, 담당자가 해야 한다고 생각하는 것을 모두 함께 할 수 있는 방법을 찾아야 합니다. '누이 좋고 매부 좋고'라는 속담을 떠올려 보길 바랍니다.

두 번째 유형은 "도와주세요"로 시작해서 "도와주세요"로 끝나는 '하소연' 유형의 대표자입니다.

이 유형은 사람을 잘 반기고 친절한 경우가 많습니다. 두 손을 잡고 악수하고 큰 소리로 반갑게 인사하며 커피나 차부터 권합니다. 날씨나 신변잡기 등으로 대화를 자연스럽게 시작하고 전체적인 분위기도 좋게 이끕니다. 마케팅 방향이나 계획에 대한 설명을 경청하고 중간중간 공감도 표현하고 상대방의 이야기가 끝난 후 준비한 노력이나 시간에 대한 고마움의 표현에도 인색하지 않습니다.

다만, 준비된 이야기가 끝나면 "도와주세요."가 시작됩니다. 마케팅 방향이나 계획이 마음에 든다며 "도와주세요."라고 합니다. 마음으로야 돕고 싶지만, 미디어TV, 네이버와 같이 광고, 마케팅 콘텐츠 노출 매체에 지급할 비용까지 마음으로 대신 할 수는 없는 노릇입니다.

또한 일정이나 조건 등도 무리한 요구를 합니다. 왜 안 되는지를 이야기하면 회사의 어려움이나 본인의 사정 이야기를 그때부터 듣게 됩니다. 일단 좋은 제안이나 아이디어를 받아 본 후 인정에 호소하는 방식으로 본인의 문제를 해결하려는 경향이 있습니다. 그래서 어려움이 예상되는 일을 무리하게 진행하면서 문제가 발생할 때가 있습니다.

이 유형은 처음 마케팅 계획 단계에서부터 되는 것과 안 되는 것 사이를 명확히 선긋기 하는 것이 중요합니다. 당장은 조금 섭섭하게 생각해도 일은 명확하게 진행해야 오히려 부족한 부분을 채워 주게 되고 관계도 오래 유지됩니다.

세 번째 '알아서 잘~' 유형은 한마디로 '공사다망公私多忙' 합니다. 이런 일 저런 일로 너무 바쁘고 오라는 데도 많고 갈 데도 많습니다. 인심도 후하고 아는 사람도 많습니다.

일단 본인이 해줄 수 있는 것은 먼저 해줍니다. 그리고 할 수 없다고 생각하는 것할 수 있지만 안 하려는 것도은 끝까지 모른다고 합니다. 오히려 생각하기에 따라서는 본인이 잘할 수 있는 것만 집중한다고 할 수도 있지만 본인이 꼭 알아야 하거나 직접 해야만 하는 일도 무조건 다른 사람에게 알아서 잘해 달라고 하는 일도 많습니다.

이 유형은 일의 범위를 구분하는 것이 중요합니다. 어디서부터 어디까지 할 수 있고 마감은 언제까지이며 얼마의 비용이 든다는 것을 여러 번 확인해야 합니다. 그리고 진행 과정도 좀 더 자주 공유해야 합니다. 스스로 챙기지 않는 경우가 많기 때문입니다.

이 부분만 잘 정리하면 일을 전부 위임하기 때문에 마케팅 담당자가 주도권을 갖고 힘 있게 추진할 수 있습니다. 일의 성과는 담당자의 능력과 실력에 좌우되는 경우가 많습니다.

네 번째 '끝까지 간다' 유형은 '하이리스크 하이리턴high risk high return, 고위험 고수익'이라고 할 수 있습니다.

솔선수범하고 앞장서서 끌고 가는 스타일이라서 겉으로는 든든해 보이고 믿고 따라가고 싶어집니다. 하지만 가고자 하는 길에 담당자 눈에도 보일 정도의 큰 구덩이가 있다고 여러 번 이야기해도 잘 듣지 않습니다. 큰 구덩이 아니라고, 그 정도는 괜찮다고 하다가 종종 크게 넘어지고 다칠 때가 있습니다.

그리고 데이터와 사례보다 경험과 직감으로 중요한 결정을 하는 경우가 많습니다. 그래서 담당자가 준비한 의견이나 제안이 무시될 때가 있습니다. 이는 담당자의 역할을 축소하거나 위축되게 합니다. 성과가 좋으면 대표자의 추진력과 직감이 좋은 것이 됩니다. 하지만 함께 일하는 사람은 대표자가 무슨 결정을 할 때마다 불안 불안합니다.

이 유형은 우선 담당자가 대표자의 의견을 많이 듣는 노력이 필요합니다. 그리고 큰 방향에서 이견이 없다면 문제가 생길 수 있는 요소를 개선이나 보완하는 방향으로 추가적인 제안을 해서 설득하는 것이 좋습니다. 대표자가 큰 방향만 강조하고 이유나 배경에 대한 설명을 생략하는 경우가 많으니 궁금한 것은 자세히 확인하고 진행해야 합니다.

마지막으로 다섯 번째 '만물박사' 유형은 마케팅뿐만 아니라 다양한 분야에 걸쳐 아는 것이 많습니다.

이야기를 많이 하지 않고 감정을 잘 드러내지 않습니다. 어떤 의견이나 제안도 명확한 데이터와 분석을 근거로 말해야 합니다. 그렇지 않으면 바로 지적받기 십상입니다. 주로 미팅 자리에서는 끝까지 모든 대화를 듣고 핵심을 콕 짚어서 설명을 요구하는 경우가 종종 있습니다.

함께 일하면 배울 점도 많지만 아쉬운 점은 대표자 본인이 잘 인식하지 못하는 사이에 지식의 저주curse of knowledge, 자신이 알고 있는 지식을 다른 사람도 당연히 알고 있을 것으로 생각하는 인식적 차이나 오류에 빠질 때가 있다는 점과 그로 인해 함께 일하는 사람과 의사소통에 어려움이 생길 때가 있다는 것입니다.

이 유형은 의견이나 아이디어에 대한 근거를 잘 준비해서 소통하는 것이 기본입니다. 의견이나 아이디어의 근거로는 신뢰할 만한 전문가나 통계, 기사를 인용하는 것이 좋습니다. 특히 대표자가 자주 인용하는 것사람, 콘텐츠이 무엇인지를 파악하고 그것을 근거로 제시하는 것이 좋습니다.

지금까지 제가 경험한 5명의 대표자 유형의 특징과 일하는 방법을 소개했습니다. 어디까지나 저의 경험에 의한 이야기라서 당연히 일반화할 수는 없습니다. 현재 우리가 하는 마케팅은 어떻게 진행하고 있는지를 조금이라도 객관적으로 바라보고 한 번쯤 더 좋은 방법은 없는지를 생각해 보는 기회가 되길 바랍니다.

지금 어떤 유형의 대표자와 어떻게 일하고 있나요? 혹은 지금 당신은 어떤 유형의 대표자인가요?


## ⊙− 대화가 필요해

마케팅을 스포츠로 비유하면 농구나 축구와 같은 팀 스포츠입니다. 감독의 역할과 선수의 역할이 다르고 포지션마다 선수들의 역할도 다릅니다.

팀 스포츠는 '의사소통'이 중요합니다. 의사소통이 잘 안 되는 팀은 슈퍼스타들로 구성되어 있어도 경기에서 이기기 어렵습니다. 반대로 의사소통이 잘 되는 팀은 한 명의 월드스타 없이도 승리하는 경기를 우리는 수없이 많이 보아 왔습니다.

앞서 이야기했듯이 마케팅의 '소통과 공감'에는 내부, 고객, 파트너가 대상입니다. 이를 위해서는 마케팅을 함께 하는 서로가 팀플레이를 잘해야 합니다. 하나의 목표를 향해 다양한 사람들이 저마다의 역할을 잘해야 원하는 결과를 만들어 낼 수 있습니다.

가장 직급이 낮거나 경력이 적은 사람의 기발한 아이디가 필요할 때도 있습니다. 오랜 경험에서 나오는 지혜가 필요할 때도 있습니다. 데이터를 분석해야 할 때도 있고 무릎을

'탁' 치는 카피와 멋진 디자인이 필요할 때도 있습니다. 그리고 이 모든 것을 한 사람이 모두 알거나 할 수는 없습니다.

마케팅은 계속되는 미팅과 대화의 연속입니다. '대화對話'란 마주 대하여 이야기를 주고받는 것입니다. 그리고 이야기를 주고받기 위해 가장 기본이 되는 자세는 상대방의 이야기를 경청하는 것입니다.

〈개그콘서트〉에서 2006년부터 2008년까지 약 2년간 방영한 '대화가 필요해'라는 코너가 있었습니다. 가족김대희, 신봉선, 장동민 간의 대화의 필요성을 코믹하게 풀어 큰 인기를 누렸습니다. 식사 중 아빠의 이야기나 행동이 무안한 상황이 될 때마다 말없이 "밥 묵자"라고 하는 대사가 유행어가 되기도 했습니다.

혹시 마케팅 회의할 때마다 "밥 묵자"로 끝나는 건 아닌지 돌아봐야 합니다.

## ◈ Action Point

☑ 나이가 많은 사람이 꼰대가 아니라, '대화와 공감 능력이 부족하고 권위적인 사고방식을 가진 사람'을 꼰대라고 합니다.

☑ 마케팅은 내부, 고객, 파트너와의 '소통과 공감'을 기본으로 합니다.

☑ 마케팅의 답은 '보스의 경험'이 아닌 '고객의 경험'에서 찾아야 합니다.

☑ 일의 원활한 진행을 위해 대표자, 담당자의 성향을 파악할 필요가 있습니다.

☑ 팀 스포츠는 '의사소통'이 중요합니다. 마케팅도 팀 스포츠입니다.

# 03

# 상품이 먼저일까?
# 마케팅이 먼저일까?

## ⊙ 닭이 먼저일까? 달걀이 먼저일까?

혹시 닭과 달걀 중에 무엇이 먼저 생겼는지 아시나요?

결론부터 말하자면 논리적으로, 과학적으로 아직 명확하게 결정된 것은 없습니다. 즉, 아직 모릅니다. 해결되지 않은 이 말장난 같은 이야기를 꺼낸 이유는 다음의 질문을 드리기 위해서입니다.

상품과 마케팅 중에는 어떤 것이 먼저일까요?

누구는 상품이 있어야만 마케팅을 할 수 있다고 하는 사람이 있는 반면에, 상품 없이도 마케팅을 할 수 있다고 하는 사람도 있습니다. 정답은 둘 다 맞습니다. 이것은 다행히도 닭과 달걀 중 어느 것이 먼저인가와 달리 답이 있는 문제입니다. 왜냐하면 상품 없이도 마케팅을 먼저 할 수 있기 때문입니다.

몇 가지 예를 들어 상품 없이도 마케팅하고 매출을 올릴 수 있다는 것을 말씀드리겠습니다.

혹시 〈와디즈〉, 〈오마이컴퍼니〉, 〈크라우디〉, 〈텀블벅〉이라는 이름을 들어 본 적 있으신가요? 이들은 '크라우드 펀딩 <sub>웹이나 모바일 네트워크 등을 통해 다수의 개인으로부터 자금을 모으는 행위</sub>' 서비스를 제공하는 플랫폼입니다.

간단히 설명하면 크라우드 펀딩이란 '상품을 만드는 데 필요한 자금을 대중으로부터 모으는 것'을 말합니다. 즉 '상품 없이도 마케팅을 먼저 하고 돈을 받는 것'이 가능한 서비스를 제공합니다.

누구나 익숙한 다른 예를 몇 가지 더 들어보겠습니다.

- 뭔가를 배우려고 온라인 강의를 수강할 때 강의를 모두 수강하고 돈을 내나요? 아니면 수강 전에 강의 소개를 보고 돈 먼저 내나요?

- 온라인 쇼핑몰에서 상품을 받고 돈을 내나요? 아니면 돈을 먼저 내고 상품을 받나요? 그리고 판매자가 그 상품을 가지고 있는 게 확실한가요? 위탁판매 또는 제휴 마케팅 방법으로 실제 상품이 없어도 고객을 이미 확보한 사람을 통해 마케팅과 판매를 할 수 있습니다.

- 아파트 분양? 핸드폰 사전구매? 자동차 선주문? 이미 우리 일상에서 상품을 만들기 전에, '선 마케팅, 후 상품' 방법으로 판매되고 있습니다.

위에서 예를 든 것처럼 꼭 상품이 있어야만 마케팅하고 매출을 만들 수 있는 것은 아닙니다. 상품이 없어도 마케팅하고 매출을 먼저 만들 수 있습니다. 특정 상품만 가능한 것이 아니냐고 할 수 있습니다. 앞서 말씀드린 〈와디즈〉, 〈텀블벅〉 등 크라우드 펀딩 플랫폼에는 전자, 패션, 잡화, 홈, 리빙, 뷰티, 푸드, 아웃도어, 스포츠, 모빌리티 등 다양한 카테고리에서 샘플, 시제품 또는 디자인만으로도 판매되는 상품들이 넘쳐 납니다.

한마디로 상품 없는 마케팅은 있어도 마케팅 없는 상품은 없습니다.

## ⊙ 상품 관점에서 고객 관점으로

여러분은 혹시 최악의 마케팅 의사결정이 무엇이라고 생각하는지요?

라이언 홀리데이의 『그로스 해킹』에서는 최악의 마케팅 의사결정을 이렇게 이야기합니다.

"그것은 '아무도 원하지 않거나 필요로 하지 않는
상품으로 마케팅을 시작하는 것'이다."

바꿔 말하면 상품부터 만들기 전에 잠재고객이 원하는 것이 무엇인지를 아는 것을 우선시해야 한다는 뜻입니다. 한마디로 '잠재고객이 원하고 필요한 상품을 마케팅 해야 한다'라는 뜻입니다.

어쩌면 당연한 이야기 아니냐고 할 수 있겠지만 사실은 그리 쉬운 문제가 아닙니다. 왜냐하면 우리 주변에서도 잠재고객이 원하고 필요하다고 생각하지 않는 상품을 마케팅하는 경우가 많기 때문입니다.

"누가 산다고 이런 걸 만들었지?"라고 말한 경험이 누구나 한 번쯤 있을 겁니다. 물론 나를 위한 상품이 아닌 것도 있습니다. 하지만 땡처리, 창고 대방출 등 시간이 지나도 누구에게도 선택받지 못해 울며 겨자 먹기로 할인 판매를 하는 경우도 많습니다. 물론 그 상품을 만든 사람 생각에는 당연히 사람들이 원하거나 필요로 하다고 생각해서 만들었을 것입니다.

하지만, 상품을 만드는 제조사와 만나 보면 의외로 독심술의 전문가들이 많다는 것을 알게 됩니다. 무슨 이야기냐면 한 번의 소비자 조사도 없이 '사람들이 원하고 필요한 거야'라고 자기 생각만으로 만든 제품이 많다는 뜻입니다. 달리 말하면 내가 보고 싶은 것만 보고, 믿고 싶은 것만 믿는 경우가 많습니다. 이것을 심리학에서는 '확증편향<sub>사실 여부를 떠나 자신의 견해 또는 주장에 도움이 되는 정보만 선택적으로 취하는 성향</sub>'이라고 합니다.

안타깝게도 소비자의 욕구나 니즈를 파악하지 않고 만든 제품이 판매 부진을 겪는 많은 사례를 보았습니다. 결국 창고에 쌓인 제품을 보며 원가라도 건져야 한다며 대량으로 싸게 유통하는 방법을 알아보게 됩니다.

쇼핑 호스트 출신의 상품마케팅 전문가 장문정 작가는 그의 저서 『팔지마라 사게하라』에서 고객 이해의 중요성을 이야기합니다.

"마케팅에서도 고객에게 '무슨 말인지 알지?'라고 하는 경우를 자주 봅니다. 고객의 이해를 우선하기보다는 판매하는 제품이나 서비스의 특징이나 장점을 강조하는 경우입니다. 이런 경우는 무슨 말광고, 메시지, 콘텐츠 등을 하는 건지 알아듣기 어려울 때가 많습니다. 즉, '이 정도 설명했으면 알아듣겠지'라고 생각해서는 고객이 반응하지 않습니다."

"그래서 유입도 많고 단가도 경쟁력이 있는데 판매가 잘 안 된다면 고객에게 하는 말을 구체적이고 알아듣기 쉽게 수정해야 합니다. 필요하다면 이해를 돕기 위한 사진, 영상 등도 넣어서 더욱 친절한 설명이 되도록 해야 합니다. 가장 좋은 것은 이미 누구나 알고 있는 것으로 생각하더라도 초등학생도 이해할 수 있는 수준으로 쉽게 설명하는 것입니다."

요컨대 제품을 만든 사람의 생각으로 소비자도 그렇게 생각하고 행동할 것이라는 판단을 해서는 안 된다는 의미입니다.

핸드폰 케이스가 아니라 핸드폰 액정에 사진이나 디자인을 넣어 교체할 수 있도록 만든 제품의 제조사 대표자와 미팅을 한 적이 있습니다. 예를 들면 자신이 좋아하는 아이돌의 사진, 단체나 협회의 로고 등이 들어간 액정으로 교체하는 제품이었습니다.

미팅 전에 두 가지 의문이 있었습니다. 좋아하는 아이돌의 사진을 핸드폰 케이스나 또는 필름에 넣는 방법도 있을 텐데 굳이 '액정을 바꿀 필요가 있을까?' 하는 것과 '액정이 깨지면 어떻게 하지?'라는 것이었습니다.

한참 동안 샘플을 보며 제품의 우수성에 관해 이야기를 들은 후 그 제품을 만든 대표자에게 미팅 전부터 생각하던 두 가지 질문을 드렸습니다. 하지만 의문을 해소하는 대신 소위 '뇌피셜'뇌와 오피셜Official, 공식 입장의 합성어로 개인적인 생각이나 사실을 검증된 것처럼 말하는 행위를 뜻하는 디지털 신조어에 근거해서 소비자가 원할 것이라는 이야기만 반복해서 들었습니다.

그리고 그 대표자는 글로벌 아이돌 소속사와 연락을 할 수 있는지와 제품의 마케팅 플랜을 요청하였습니다. 결론적으로 정중하게 요청을 거절했고 이후에 그 제품의 출시 소식은 들을 수 없었습니다.

혹시 '대표자가 사업이 처음이거나 제품에 문제가 있는 것은 아닐까?'라고 생각할 수도 있습니다. 하지만 그 회사의 기술력은 이미 검증되어 대기업에 다른 제품을 납품하고 있을 정도로 자리를 잡은 회사였습니다. 그것은 제품에 문제가 있는 것이 아니라 '관점'에 문제가 있었다고 할 수 있습니다.

앞서 말씀드렸지만, 우리 주변에는 아주 간단한 시장조사한 번 없이도 생산자 혹은 개발자의 '뇌피셜'에 근거해 만들어지고 판매되는 제품이 많습니다. 시장조사를 했다고 하더라도 그 결과마저도 '확증편향'에 사로잡혀 핑크빛 전망으로만 기대하기에 십상입니다.

거기에 품질 좋은 제품만 잘 만들면 사람들이 사지 않을이유가 없다는 생각까지 더해지면 그야말로 치명적입니다. 결국 아무도 원하지 않거나 필요로 하지 않는 제품으로 마케팅을 시작하게 되는 것이기 때문입니다.

제품을 구매하는 사람은 만든 사람이 아니라 소비자입니다. 분식집 라면의 맛에도 취향이 있고 민감한 것이 소비자입니다. 그런 소비자를 대상으로 내가 고민하고 좋은 품질의 제품을 만들었으니 사지 않을 이유와 좋아하지 않을 이유가 없다고 생각하는 것은 '착각'이고 시장조사 한 번 제대로 하지 않는 '태만'에 불과합니다.

내 생각과 다르다 하더라도 소비자의 피드백을 듣는 것이 고생해서 만든 제품의 땡처리를 알아보는 고통보다 더 크지 않습니다. 문제가 있다면 그것을 마주해야만 최악의 마케팅

의사결정을 피할 수 있습니다.


## ☞ 관찰에 답이 있다

마케팅에 문제가 생겼다면 문제의 해결 방법은 '고객'에게 찾아야 합니다. 마케팅의 대상은 내가 아니라 고객이고 구매도 고객이 하는 것이기 때문입니다. 그러므로 나의 시선이 향해야 하는 곳은 내가 아닌 고객이 되어야 합니다. 그러나 안타깝게도 너무나 당연한 이 이야기를 정작 마케팅할 때 자주 잊곤 합니다.

뇌과학, 마케팅, 경제학을 접목한 신경마케팅 분야의 최고 권위자인 한스 게오르크 호이젤은 그의 저서 『뇌, 욕망의 비밀을 풀다』에서 소비자의 구매행위에 대해 다음과 같은 의견을 피력합니다.

"우리는 우리가 원하는 것을 하는 게 아니라,
우리가 하는 것을 원한다."

"소비자에게 설문조사를 하면, 소비자들은 본인이 얼마나 신중하게 고민해서 이 제품을 의식적으로 구매했는지 확신에 찬 어조로 말한다. 그러나 소비자는 자신의 의식이 나중에 이 이야기를 꾸며 냈다는 것, 그리고 완전히 다른 논리로 무의식적 프로그램에 복종했다는 사실을 전혀 알지 못한다."

즉 소비자는 구매 후 자신의 판단을 이성적인 구매행위로 스스로 설득하려고 하지만 소비자가 하는 모든 중요한 결정은 대부분 무의식적이고 감정적이라는 뜻입니다. 따라서 우리는 소비자의 구매 후 이야기에 관심을 기울이는 것도 중요하지만 무엇보다도

'왜, 어디서 구매했는지',

'구매했다면 언제, 어디서, 어떻게 쓰고 있는지',

'왜 구매하지 않는지',

'우리 상품 대신 어떤 상품을 구매했는지,

왜 그 상품을 구매했는지'

등 가능한 모든 구매 행동 패턴을 관찰해야 합니다. 즉 고객이 행동으로 보여 주는 상품의 구매이유와 어떤 가치가 고객의 문제를 해결하는 데 도움이 되는지를 파악해야 합니다. 한마디로 고객의 말이 아닌 행동을 관찰해야 합니다.

글로벌 소비재 기업 P&G에서는 "사자가 사냥하는 법을 보려면 동물원이 아닌 정글로 가야 한다."라는 앨런 래플리 전 CEO의 말과 함께 소비자와 함께 생활하는 '참여 관찰' 방법까지 동원했습니다. 일상에서, 거리에서 소비자를 관찰하는 것은 물론이고 소비자의 집에서 같이 생활하며 관찰하였습니다. 소비자 관찰의 중요성을 그만큼 강조하였습니다.

혁신적인 제품을 만들기 위한 이러한 노력 끝에 P&G는 디자인 싱킹 분야에서 둘째가라면 서러워할 회사로 탈바꿈하게 되었습니다.

소비자를 관찰하고 그것을 마케팅에 활용한 사례로 사람들이 맥주병을 숟가락으로 따는 행동을 관찰하고 '테라'에서 숟가락 모양의 병따개를 만들어 마케팅에 활용한 예도 있습니다.

소비자를 관찰하려면 직접 눈으로 보는 것이 가장 좋지만, 항상 가능한 것은 아닙니다. 그래서 마케팅을 시작하기 전에 몇 가지 방법으로 '소비자 조사'를 실행합니다. 소비자 조사를 위한 여러 가지 방법 중 기업이 많이 하는 방법으로 FGIFocus Group Interview, 표적집단면접법가 있습니다. 일반적으로 10명 이내의 타깃 집단을 모아서 사회자의 질문에 따라 정해진 주제에 관해 이야기를 나누게 하고 이를 통해 소비자들의 생각이나 아이디어 등을 얻는 방법입니다.

그러나 상대적으로 규모가 작고 경험이 없는 기업에서 FGI 또는 참여 관찰 같은 방법을 하기는 어렵습니다. 그래서 큰 비용 없이도 쉽게 실행할 수 있는 소비자 조사 방법 몇 가지를 말씀드립니다.

## 1. 검색 포털 키워드, 트랜드 검색

: 네이버 또는 구글에서 우리 상품 키워드, 경쟁 상품 키워드, 타깃 소비자가 주로 검색하는 키워드를 검색해서 상품에 대한 소비자들의 평가, 반응을 살펴봅니다.

: 네이버 트랜드, 구글 트랜드에서 검색하는 주제어에 대한 사람들의 관심을 기간, 연령, 성별로 확인할 수 있습니다. 주제어 비교도 가능합니다.

## 2. 상품 후기 분석

: 상품을 구매한 고객이 자주 쓰는 단어, 문의, 불만 사항들을 분석해서 강조해야 할 특장점이나 문제점을 찾아낼 수 있습니다.

## 3. 매장 인터뷰

: 만약 상품이 오프라인 유통 중이면 판매 직원 그리고 구

매 고객을 대상으로 구매 이유와 구매하지 않은 이유를 물어볼 수 있습니다. 내 생각과 다른 소비자 언어를 확인할 수 있는 장점이 있습니다.

### 4. 설문조사

: 온라인 설문조사 서비스를 이용하거나 홈페이지나 소셜 미디어를 활용해 구매 고객 대상 설문조사 이벤트를 진행할 수 있습니다.

### 5. 논문 및 기사 검색

: 핵심 소비자들에 관련된 또는 우리 상품이 속한 산업군에 관련된 논문이나 최근 TV, 신문 기사 등을 찾아서 읽어보는 것입니다.

### 6. 통계 자료 검색

: 통계청뿐만 아니라 상품이 속한 산업군의 공공기관에서는 매년 다양한 소비자 조사하고 있습니다. 그리고 결과 리포트를 pdf로 내려 받을 수 있도록 무료로 제공합니다.

: 정기적이지 않지만, 일반 기업에서도 내부 회원 대상으로 조사한 자료를 발표하기도 합니다. 홍보 목적이지만 충분히 활용할 수 있는 좋은 내용들을 담고 있습니다.

### 7. 소셜미디어, 카페, 커뮤니티, 앱 모니터링

: 소비자가 주로 이용하는 소셜미디어와 활동하는 카페, 커뮤니티 등에서 어떤 이야기가 오가는지 살펴봐야 합니다.

위의 몇 가지 방법은 언제든 바로 해볼 수 있습니다. 이 과정을 통해 소비자의 생각, 말 등이 생산자와 다르다는 것을 알 수 있습니다. 무엇보다도 상품 중심, 판매자 관점의 생각이 아닌 고객 관점으로 생각하는 방법에 대해 배울 수 있습니다.

과거에 근무했던 회사에서 마케팅팀과 광고기획팀이 함께 글로벌 여성용 제모 브랜드의 온라인 광고와 마케팅을 진행했습니다. 전국의 수백 명 여자 대학생을 브랜드 엠버서더로 선정하고 다양한 마케팅 교육과 프로필 촬영 등을 진행하며 우수 마케팅 활동자에게 포상했습니다.

참여한 학생들과의 인터뷰 과정에서 여성의 제모가 빠르면 중학생 때부터 시작된다는 것을 알게 되었습니다. 그리고 처음 제모에 사용하는 상품이 특정 브랜드가 아닌 가족이 사용하던 것을 그냥 쓰거나 남성용 면도기를 사용한다는 것도 알게 되었습니다.

그래서 제모를 시작할 때부터 우리 상품으로 시작하게 하자는 전략을 세우고 여자 고등학생들을 대상으로 한 마케팅을 추가로 진행하였습니다. 브랜드 매니저와 저희 직원 모두 소비자 인터뷰를 통해 새롭게 알게 된 인사이트<sub>소비자의 행동이나 태도에 숨은 속뜻을 알아채는 통찰</sub>였습니다.

당시 진행했던 브랜드 엠버서더 캠페인은 여자대학생 사이에서 필수로 지원해야 할 대외활동으로 큰 인기를 끌었고 캠페인의 결과도 좋아서 글로벌 성공사례로 선정되고 여러 나라의 브랜드 담당자들에게 성공사례로 소개되었습니다. 소비자의 관찰과 대화를 통해 새로운 마케팅 기회를 만들어 냈던 경험이었습니다.

지금 하는 마케팅은 고객의 행동을 얼마나, 어떤 방법으로 관찰하고 반영하고 있나요?

## ◈ Action Point

☑ 제품의 대량 생산 전에 마케팅부터 시작하고 고객 먼저 모을 수 있습니다.

☑ 아무도 원하지 않는 상품으로 마케팅을 시작하는 것이 최악의 결정입니다.

☑ 마케팅에 문제가 있다면 소비자를 관찰해서 해결책을 찾아야 합니다.

☑ 소비자 관찰은 말이 아닌 행동을 봐야 합니다.

☑ 큰 비용 없이도 소비자 행동, 의견, 고민, 욕망 등을 관찰할 수 있습니다.

# 04

# 마케팅을 한마디로
# 정의한다면?

### ⊙ 마케팅이 답답한 5가지 이유

십수 년 동안 다양한 분야의 클라이언트를 만났습니다. 모두가 그렇지는 않지만, 일부 '마케팅이 답답하다'라고 이야기하는 경우는 몇 가지 공통점이 있었습니다.

마케팅이 답답하게 느껴지는 5가지 이유와 답답함 해소를 위한 방법을 말씀드립니다.

첫째, 아는 것과 모르는 것을 구별하지 못한다.

어떤 마케팅 성공사례를 듣거나 보거나 읽었다고 해서 그 과정과 방법을 모두 안다고 할 수 없습니다.

하지만 제가 만나 본 일부 사람은 마치 그 성공사례의 A부터 Z까지 이미 모두 알고 있다고 생각하는 경우가 있습니다. 그것은 아는 것이 아니라 안다고 생각하는 것입니다. 그래서 눈에 보이는 결과가 아니라 원인에 대해서 조금만 깊게 물어보아도 사실이 아닌 추측으로 대답하기 일쑤입니다.

배운 것을 직접 실행해 보고 다른 사람에게 설명할 수 있을 때 아는 것이라고 할 수 있습니다. 논어論語의 위정편에서 공자孔子가 '아는 것이 무엇이냐고 묻는' 그의 제자 자로子路에게 이렇게 이야기합니다.

> "네게 아는 것을 가르쳐 주마. 아는 것을 안다고 하고,
> 알지 못하는 것을 알지 못한다고 하는,
> 참으로 이것이 아는 것이다."

아는 것과 모르는 것이 무엇인지를 아는 것을 다른 표현으로 '메타인지metacognition'라고 합니다.

둘째, 모두가 고객이라는 건 아무도 고객이 아니다.

마케팅은 내가 해결해야 할 특정 문제를 고민하고 욕망하는 특정 사람 또는 그룹을 대상으로 합니다. 사람은 자신에

게만 관심이 있습니다. 모두에게 하는 이야기는 누구도 그것이 내 이야기라고 생각하지 않습니다.

마케팅이 답답하다고 느끼는 경우의 공통점 중 하나가 자신의 고객이 누구인지 잘 모르고 있다는 것입니다. 그러다 보니 마치 커다란 그물을 던져 물고기를 잡는 것처럼 가능한 많은 사람을 대상으로 하는 것이 마케팅의 효과를 높이는 방법이라고 생각하기가 십상입니다. 그런데 문제는 그물의 크기가 커지면 커질수록 비용도 마찬가지로 점점 더 많이 들게 되고, 처음에 목표했던 물고기뿐만 아니라 원치 않는 물고기를 잡게 될 가능성도 커지는 것입니다.

요컨대 한정된 예산에서 마치 낚시처럼 선택과 집중을 해야 함에도, 뭐라도 잡히겠지 하는 마음으로 단 한 번 그물을 던지고 만다면 결국 내가 아닌 그물 장사만 매출이 오를 뿐입니다.

셋째, 다른 사람의 방식을 그대로만 따라 한다.

성공사례를 많이 보고 따라 하는 양quantity적인 모방은 필요합니다. 하지만 성공사례를 따라만 한다고 해서 누구나 잘 되는 것은 아닙니다. 왜냐하면 그 성공사례는 여러 가지 어려움과 문제를 해결하며 지나온 과정의 결과이기 때문입니다.

따라서 성공사례를 보고 배울 때는 단지 따라만 할 것이 아니라, 현재 나의 비즈니스, 브랜드, 상품, 마케팅, 고객, 내부와 외부 환경을 종합적으로 고려하여 그것에 맞는 과정부터 배우고 응용할 줄 알아야 합니다.

넷째, 성과가 나오기 전에 너무 일찍 그만둔다.

아직 해보지 못했던 다양한 마케팅 시도를 통해 여러 가지를 경험해 보는 것은 좋습니다. 하지만 그 과정에서 작은 성과를 무시하거나 성과가 나오기도 전에 한두 번의 짧은 시도로 그만둔다면 무엇을 하더라도 노하우와 경험은 쌓이지 않고 계속 불만족할 것입니다.

따라서 한 가지 마케팅에서 유의미한 성과가 나올 때까지는 시도하고 경험해야 합니다. 그래서 그 과정에서 배운 점을 또 다른 마케팅에 활용하는 것이 중요합니다.

그렇게 반복하면 내가 알고 실행할 수 있는 효과적이고 효율적인 마케팅 방법을 점점 늘려 나갈 수 있습니다.

다섯째, 말로만 중요하다고 하고 배우거나 공부하지 않는다.

마케팅이 중요하다고 말하는 사람은 많지만, 그 말을 하는 만큼을 실행하는 사람은 많지 않습니다. 결국 지금 하는 마케팅과 성공사례와 비교할 때 가장 큰 차이점은 실행하느냐 하지 않느냐의 차이입니다. 여러 가지 조건, 평계를 대며 마케팅을 배우고 공부하지 않는 것은 실제로는 그만큼 중요하게 생각하지 않는다는 뜻입니다. 배우지 않아서 모르니까 계속 답답한 것입니다.

'알리바바'의 창업자 마윈은 다음과 같이 말했습니다,

"세상에서 같이 일하기 가장 힘든 사람은 가난한 사람이며, 그들에게는 공통점이 있다. 구글이나 포털 사이트에 물어보길 좋아하고, 희망이 없는 친구들에게 의견을 듣는 것을 좋아한다. 그들은 대학교수보다 더 많은 생각을 하지만, 앞을 보지 못하는 시각장애인보다 더 적게 행동으로 옮긴다. 그들에게 무엇을 할 수 있는지 묻는다면 그들은 아무 대답도 할 수 없을 것이다."

마케팅은 이론도 중요하지만, 실행이 더 중요합니다. 아무리 고급정보와 지식을 쌓았어도 단 한 번도 실행하지 않았다면 그것은 이미 죽은 정보와 지식일 뿐입니다. 너무 쉽고 간단해서 우스워 보이는 마케팅이라도 직접 한 번 실행하는 것이 지금의 답답함을 해소할 수 있는 변화를 만들 수 있습니다.

위에서 말씀드린 마케팅의 답답함을 해소하기 위해 해야 할 5가지 방법을 말씀드립니다.

1. 매일 일정 시간 동안 책, 영상, 강의를 보고 들으며 공부하기
2. 성공사례는 결과보다 과정을 배우기
3. 성과가 나올 때까지 한 가지 방법부터 선택과 집중하기
4. 실행해 보지 않고 아는 척하지 않기
5. 질quality 보다 양quantity을 시도하기

그리고 마지막으로 한 가지를 더 말씀드리면, 혹시 지금 하는 마케팅이 답답하다고 생각된다면 우선 '마케팅을 보는 관점을 다르게' 해보시길 바랍니다.

예를 들면 '내가 생각하는 마케팅의 정의는 무엇인가?', '내가 마케팅 성공사례라고 생각하는 것의 기준은 무엇인가?', '마케팅에서 내가 알아야 할 것은 무엇인가?', '마케팅

을 개선하기 위해 무엇을 하거나 하지 않아야 하는가?'와 같이 기존에 가지고 있는 생각을 다르게 볼 수 있는 질문을 스스로 해보시길 바랍니다.


## ⊙– 내가 생각하는 마케팅의 정의

지금 누군가 '마케팅을 뭐라고 생각하세요?'라고 묻는다면 어떻게 대답하실 건가요?

'상품홍보', '판매를 돕는 것', '광고랑 비슷한 무엇?', '상품 생산부터 판매까지의 모든 과정' 등 아마 사람마다 마케팅에 대해 평소 가지고 있는 지식이나 생각 또는 이미지로 각자 다르게 답할 것입니다.

혹시 바로 대답하지 못하고 머뭇거리며 머릿속에서 여러 가지 생각이 떠오른다면 지금부터 하는 이야기에 좀 더 집중하기를 바랍니다. 그리고 '마케팅'을 네이버나 구글에서 검색하면 나오는 설명과 정의는 잠시 잊어도 좋습니다. 세계적인 마케팅 전문가들은 마케팅을 무엇이라고 생각하는지부터 살펴보겠습니다.


『포지셔닝』과『브랜딩 불변의 법칙』의 저자인 알 리스는

"마케팅은 잠재고객의 마음속에 브랜드를 구축하는 일이다."라고 했습니다.

오랜 기간 하버드대학교 경영대학원의 교수였던 『마케팅 상상력』의 저자 시어도어 레빗은 "사람들은 0.25인치의 전동드릴을 원하는 것이 아니라 0.25인치 구멍을 원하는 것이다."라며 "마케팅이란, 하는 일과 일하는 방식을 경쟁자와 차별화해 고객을 확보하는 것이다."라고 했습니다.

현대 경영학을 창시했다고 평가받는 경영학자 피터 드러커는 "이상적인 마케팅이란 세일즈가 불필요하게 만드는 것이다."라며 "마케팅의 목적은 고객의 마음을 제대로 이해하고, 거기에 맞춰서 제품과 서비스를 제공해서 저절로 팔리게 하는 것이다."라고 하였습니다.

이처럼 세계적인 마케팅 전문가들도 마케팅에 대한 정의는 서로 다르게 이야기합니다. 다만 표현은 달라도 공통점이 한 가지 있습니다. 그것은 마케팅을 이야기할 때 '고객', '마음또는 인식' 두 가지 키워드가 빠지지 않는다는 것입니다.

다시 처음으로 돌아가서 누군가 '마케팅을 뭐라고 생각하세요?'를 물었을 때 바로 답을 하지 못하는 이유는 마케팅의 사전적 정의를 몰라서가 아니라 '자신이 생각하고 있는 마케팅의 정의'가 없기 때문입니다. 세계적인 마케팅 전문가들도 서로 다른 마케팅의 정의를 이야기하듯이 누구나 자신만의 마케팅의 정의가 있어야 합니다. 왜냐하면 내가 마케팅을 무엇으로 정의하느냐에 따라 마케팅의 방향과 방법이 달라지기 때문입니다.

만약 마케팅을 세일즈의 보조 수단으로 정의하고 있다면 어떻게 하면 마케팅으로 세일즈를 더 잘할 수 있을까 하는 방법을 고민할 것입니다. 또는 마케팅을 고객 서비스로 정의하고 있다면 더 나은 고객 서비스를 위한 방법을 고민할 것입니다.

결국 마케팅이 답답하게 느껴지는 가장 큰 이유는 '나만의 마케팅 정의'가 없기 때문입니다.

예를 들어 지금 옆에 있는 친구에게 '너는 행복을 뭐라고 생각하니?'라고 묻는다면 그 친구가 스스로 정의하고 있는 '행복'에 대해 이야기할 것입니다. 그리고 자신이 생각하는 '행복'을 위해 무엇을 해야 하고 어떻게 할 것인지도 이야기할 것입니다. 그러나 그 친구가 스스로 생각하는 '행복'의 정의가 없다면 그때는 대답 대신 답답함을 느끼며 무엇을 해야 할지 고민하는 모습을 볼 수 있을 것입니다.

내가 하고자 하는 것이 무엇인지 모르면 당연히 답답할

수밖에 없습니다. 마케팅의 답답함을 해결하기 위해 가장 먼저 해야 할 일은 '나만의 마케팅 정의 내리기'입니다.

경영 컨설턴트이자 서울 앵무새의 대표 박종윤 작가는 그의 저서 『내 운명은 고객이 결정한다』에서 "마케팅의 본질은 '어떤 시장이 좋은 시장이고, 어떤 시장이 계속 지속할 수 있는 시장인가? 그러한 시장을 만들고 유지하기 위해, 우리는 구매자와 상품, 판매자를 어떤 관점으로 연구해야 하는가?에 대한 지속적인 질문과 답'에 다름 아니라고 생각합니다."라고 했습니다.

컵에 반쯤 담긴 물을 보며 '반밖에 안 남았네! 또는 반이나 남았네!'라며 마음먹기에 따라 세상을 보는 관점이 달라진다고 하는 것처럼, 마케팅을 무엇이라고 정의하느냐에 따라 마케팅을 보는 관점이 달라지고 앞으로 하는 마케팅의 방법이 달라집니다.

'마케팅'을 뭐라고 생각하시나요?


## ☞ 나만의 마케팅을 정의하는 두 가지 방법

마케팅 전문가들이 이야기하는 마케팅의 정의에서 공통

점은 '고객', '마음인식'이 빠지지 않는다고 했습니다. 마케팅은 어떻게 표현하더라도 결국 대상고객의 마음문제, 욕망을 이해하고 공감하고 해결하는 일련의 과정입니다.

'마케팅을 어떻게 정의해야 할까?' 하는 고민을 해결하기 위해서는 두 가지를 명확히 해야 합니다.

첫째는 내가 마케팅을 하는 '목적'이 무엇인지를 명확히 해야 합니다.

여기에서 목적은 마케팅을 통해 궁극적으로 이루고 싶은 일이 무엇인가를 의미합니다. 내 상품과 서비스를 이용하여 문제를 해결하고 고객의 삶을 더 이롭게 만들고 싶다면 마케팅은 문제를 해결하는 방법을 제공하는 것이고 그 일을 하는 사람은 문제 해결사가 됩니다.

세계적인 마케팅 구루 세스 고딘은 "마케팅은 고객의 삶에 긍정적인 변화를 만드는 일"이라고 합니다. 마케팅을 통해 고객의 고민과 문제를 해결하기 때문에 삶에 긍정적인 변화를 만들 수 있다는 이야기입니다.

둘째는 내 '고객'이 누구인지를 명확히 해야 합니다.

자동차를 좋아하는 동호회 회원, 유치원을 다니는 7살 아동, 80대 부모님을 모시고 사는 40대 부부를 위한 마케팅 전략과 전술이 다를 수 있습니다. 고객이 없으면 비즈니스가 존재할 수 없듯이 마케팅도 고객이 없으면 존재할 수 없습니다. 따라서 고객이 누구인지를 명확히 하는 것은 마케팅을 정의하기 위해 필수적입니다.

위의 두 가지목적, 고객를 기억하고 이제 나만의 마케팅을 한 문장으로 정의해 보기를 바랍니다. 아마도 쉽게 떠오르지 않을 것입니다. 머릿속으로만 생각하지 말고 직접 펜을 들고 종이에 글로 쓰기 바랍니다.

익숙하지 않은 분을 위해 도움을 드리자면 아래 문장을 완성해 보는 것도 한 가지 방법입니다.

"내가 정의하는 마케팅은 ○○○누구의 ○○고민, 문제, 욕망을 해결하여 ○○○내가 바라는 모습, 비즈니스 비전, 목적 등을 이루기 위함입니다."

마케팅의 아버지라고도 불리는 필립 코틀러는 "마케팅은 고객에게 진정으로 가치 있는 것을 제공하는 기술이며, 고객들이 더 나아지도록 돕는 기술이다."라고 했습니다.

이제 누군가 마케팅이 뭐냐고 물었을 때 자신만의 정의로 답을 하시기 바랍니다. 그리고 그것을 믿고 실행할 때 마케팅의 답답함이 해소될 수 있습니다.

내가 생각하는 마케팅을 정의했다면 한 가지 해야 할 일이 있습니다. 그것을 내부 구성원, 파트너, 고객에게 공유하고 이해시키는 일입니다. 마케팅 프로젝트를 함께 진행하는 구성원들 사이에 의사소통을 잘하기 위해서는 서로가 사용하는 용어의 정의가 무엇을 의미하는지 이해하는 것이 중요합니다.

만약 결정권자가 생각하는 마케팅의 정의가 다르고 담당자가 생각하는 마케팅의 정의가 다르면 어떤 일이 생길까요? 서로 마케팅에 관해 이야기할 때 각자가 다른 뜻으로 받아들이거나 의사소통이 잘 안 돼서 업무적으로 문제가 생기기도 하고 불만이나 오해가 생길 수도 있습니다.

공통으로 사용하는 업무적인 용어들도 모두 마찬가지입니다만, 내부적으로 마케팅을 이야기할 때는 그것이 의미하는 바를 같은 뜻으로 이해하고 있는지를 확인해야 합니다. 그것만으로도 업무적으로 큰 효율을 만들 수 있습니다.

제가 생각하는 저만의 마케팅에 대한 정의를 말씀드립니다.

저는 마케팅을 잘 모르거나 어려워하는 중·소기업, 스타트업, 자영업 대표자와 마케팅 담당자를 대상으로 마케팅을 도구로써 쉽게 사용하는 방법을 가르치거나 돕는 마케팅코디로 활동하고 있습니다.

저는 마케팅이란 '고객의 문제를 해결하여 궁극적으로 브랜드의 팬을 만드는 과정'이라고 정의하고 있습니다.

그래서 제가 하는 마케팅은 고객의 마케팅 고민과 문제를 해결하거나 돕기 위한 모든 활동입니다. 소셜미디어에 마케팅 글과 영상을 공유하고 오픈 채팅방을 운영하며 대화를 나누는 것도 그중의 하나입니다.

지금 바로 나만의 마케팅 정의를 한 문장으로 써보시기를 바랍니다. 미루지 말고, 완벽이 아닌 완료를 목표로 해보시기 바랍니다.

나만의 마케팅 정의, 어떤 한 문장을 쓰셨나요?

◆ **Action Point**

☑ 마케팅에 대해 내가 아는 것과 모르는 것이 무엇인지 정확히 알아야 합니다.

☑ 답답함을 해소하기 위해 마케팅을 배우고 시도해야 합니다.

☑ 내가 생각하고 있던 마케팅에 대해 다른 관점으로 생각해야 합니다.

☑ 나만의 마케팅 정의를 내리고 명확한 방향성이 있어야 합니다.

☑ 마케팅 정의에는 목적과 고객이 누구인지가 포함되어야 합니다.

# 05

# 마케팅
# 티키타카

## ⊙– 협력의 마케팅

티키타카tiqui-taca는 스페인어로 탁구공이 왔다 갔다 하는 모습을 뜻하는 말로 짧은 패스를 빠르게 주고받는 축구 경기 전술을 말합니다. 지난 월드컵에서 우리나라 대표님이 서로 패스를 주고받으며 상대방 진영으로 공격하던 모습을 떠올리시면 좋을 것 같습니다.

마케팅에도 티키타카가 필요합니다. 다른 말로 하면 '척하면 척' 또는 '장단이 잘 맞는다'라고도 할 수 있습니다. 마케팅을 진행하는 구성원들이 합을 맞추며 서서히 '골'을 향해 전진해 나가야 합니다.

마케팅 티키타카를 잘하기 위해서는 서로 사전에 약속된

플레이를 이해하고 있어야 합니다. 바꿔 말하면 마케팅 마인드셋을 서로 맞춰야 한다는 뜻입니다. 마케팅 마인드셋이란 '마케팅을 대하는 생각, 태도, 사고방식'을 말합니다.

다만 마케팅 마인드셋을 맞춰야 한다는 것이 서로의 생각에 100% 동의해야 한다는 뜻은 아닙니다. 얼마나 동의하느냐와는 별개로 마케팅의 정의, 방향과 목표, 진행 과정 등을 서로 제대로 이해하고 한 목소리를 내고 있느냐를 말합니다. 그리고 이것은 말 그대로 구성원 모두가 포함됩니다. 단 한 명도 예외가 없이 '모두'입니다. 만약 식당이라면 카운터, 홀 그리고 주방까지 모두 마케팅 마인드셋을 맞춰야 합니다.

만약 '모두'가 불가능하다면 최소한 대표자와 마케팅 담당자는 마케팅의 중요성을 인식하고 공통된 의미와 생각을 하는 것이 중요합니다. 그래야 내부적인 의사소통을 정리하느라 시간과 돈을 낭비하지 않고 고객에게 집중할 수 있는 기회를 놓치지 않습니다.

## ⊙─ 마케팅 마인드셋이 시작이다

영상을 보고, 강의를 듣고, 책을 읽고, 주변의 수많은 성공 사례를 보아도 정작 내가 마케팅할 때 어려운 이유는 바로 마케팅 마인드셋이 없기 때문입니다.

성공사례들의 마케팅 결과만을 보고 마치 그것이 별것 아닌 것처럼 생각하거나 반대로 내가 할 수 없는 것이라고만 생각하는 것부터 바꿔야 합니다. 다른 누군가 해냈다면 나 역시도 할 수 있다는 생각을 가져야 합니다. 지금의 마케팅을 개선하기 위해 가장 먼저 할 일이 무엇인지를 파악하고 그것에만 집중해서 작은 결과를 만들어 내야 합니다. 그래서 마케팅은 생각을 먼저 바꾸는 '마케팅 마인드셋'부터 시작인 것입니다.

'마케팅 마인드셋'은 마케팅 퍼스트, 고객 퍼스트, 실행 퍼스트 이렇게 세 가지로 구성됩니다. 상품 기획 단계부터 마케팅의 전체 큰 그림과 프로세스를 계획하고 항상 마케팅을 비즈니스의 핵심으로 생각하는 것이 '마케팅 퍼스트'입니다. 즉 마케팅 자체가 비즈니스라고 생각하는 것입니다.

내가 아닌 고객의 관점, 고객의 고민과 문제해결을 위해 마케팅해야 한다는 것이 '고객 퍼스트'입니다. 무엇이 필요한지를 자신이 아닌 고객에게 묻고 고객에게 평가받아야 합니다.

첫 번째 도미노를 쓰러뜨리지 않으면 마지막 도미노는 쓰러지지 않습니다. 그러므로 처음에는 작고 보잘것없이 보여도 일단 실행해야 합니다. 그래야 실행하는 과정에서 무엇이 효과적인지 알 수 있습니다. 노하우와 경험이 쌓여 가며 다 효과적인 마케팅과 다양한 마케팅을 실행할 수 있습니다. 이것이 '실행 퍼스트'입니다. 백 번 말보다 한 번의 실행입니다.


마케팅 마인드셋이 다를 경우 생길 수 있는 7가지 문제점

1. 담당자와 소통에 어려움이 생겨 불필요한 비용과 시간이 소모된다.

2. 시간이 갈수록 무엇을 위해, 왜 마케팅하는 것인지 헷갈린다.

3. 수동적이고 익숙한 현상 유지만 하려고 한다. '어차피 안 할 건데'라고 생각한다.

4. 되는 이유 한 가지를 찾기보다 안 되는 이유 100가지를 찾게 된다.

5. 마케팅 자체에 대한 부정적 인식이 생긴다.

6. 기존 고객에 대한 소극적 자세와 업무 실수가 늘어난다.

7. 결과에 대한 책임소재를 따지거나 미루며 구성원 간의 불신이 생긴다.

결과적으로 마케팅을 잘 모르고 마케팅 마인드셋이 서로 달라서 좋을 것은 하나도 없습니다. 손바닥도 마주쳐야 소리가 나듯이 우선 대표자와 마케팅 담당자의 마케팅 마인드셋을 맞추는 것부터 시작해야 합니다.

대표자가 마케팅을 알아야 합니다. 그래야 대표자가 제시하는 마케팅의 큰 그림을 마케팅팀 또는 담당자가 이해하고 대표자의 큰 그림에 마케팅 마인드셋을 맞출 수 있습니다. 그 이후에야 마케팅 전략과 전술, 계획과 프로세스를 정리하고 실행할 수 있습니다.

자본금 820달러로 세운 석유 회사 '그레이트웨스턴리소스'로 500억 달러 부를 이뤄낸 사람이 있습니다. '1조 달러의 사나이' '세계 최고의 비즈니스 멘토'라고 불리는 '댄 페냐'입니다.

그에게 조언을 부탁하자 그는 이렇게 얘기했습니다. "내가 해준 최고의 조언은 Just Fucking Do It<sup>그냥 닥치고 해</sup> 입니다." 그는 "우리는 미루는 데 너무 많은 시간을 씁니다. 왜냐하면 실패에 대한 두려움 때문이죠. 하지만 두려움은 진짜처럼 보이는 환상일 뿐 입니다."라고 합니다.

그는 이어서 "사실은 타인이 나를 어떻게 생각하는지, 내가 왜 이런 상황에 놓였는지 이런저런 핑계들을 늘어놓습니다. 저는 왜 당신이 그러는지 이유를 알고 있습니다. 왜냐하면 당신이 아무것도 하지 않아서입니다."라고 했습니다.

"당신은 빚이 있을 수도 있고, 이혼을 했을 수도 있고, 가족이 아플 수도 있습니다. 이런 핑계는 계속 댈 수 있습니다. 가장 중요한 것은 15년 전, 10년 전, 5년 전, 6개월 전에 시작했다면 당신은 아마도 지금과는 다른 삶을 살고 있을 겁니다. 그러니까 당신이 몇 살이든 지금이 바로 시작해야 할 때입니다."라고 조언했습니다.

마케팅을 제대로 하려고 생각하니 할 일이 많다거나 어렵다고 생각할 수 있습니다. 하지만 마케팅을 배우고 실행하는 것은 비즈니스의 생존과 유지, 성장을 위한 '할까 말까'의 선택의 문제가 아닌 '무엇을 어떻게 해야 하나'라는 실행의 문제입니다.

앞서 정리했듯이 마케팅은 고객을 모으고 돈을 버는 일입니다. 기업은 돈 버는 일을 잘해야 하지 않을까요?

## ⊙ 왜 그런 판단을 할까?

우리가 무엇을 판단하거나 의사결정을 할 때 인지 편향<sup>사</sup>
람들이 자신들의 경험을 바탕으로 어떤 상황에 대해 비논리적인 추론을 함으로

써 잘못된 판단에 이르는 것에 빠질 때가 있습니다. 몇 가지 인지 편향이나 사람들의 심리 현상을 알고 있으면 올바른 판단을 하는 데 도움이 됩니다.

특히 소비자의 심리를 파악할 수 있다면 마케팅 전략과 전술을 세울 때 큰 도움이 됩니다. 간단한 예를 들면 광고와 마케팅 글쓰기를 할 때, 상품 진열이나 순서를 정할 때, 사람을 모으거나 서둘러 구매를 유도할 때 등 많은 경우에 활용됩니다.

일반적으로 누구나 자주 겪을 수 있는 인지 편향 12가지를 소개해 드립니다.

### 1. 확증편향

확증편향이란 자신의 견해 또는 주장에 도움이 되는 정보만 그것의 사실 여부를 떠나 선택적으로 취하고, 자신이 믿고 싶지 않은 정보는 의도적으로 외면하는 성향을 말합니다. 쉽게 말해 '보고 싶은 것만 보고, 듣고 싶은 것만 듣는' 보편적 현상입니다.

### 2. 고정관념

특정 집단의 사람들이 지닌 과잉 일반화 또는 부정확하게 일반화된 신념입니다. 일반적인 것으로 예를 들면 성, 인종,

민족, 직업집단에 관한 고정관념을 들 수 있습니다.

### 3. 기본적 귀인 오류

인간의 행동을 설명할 때 상황의 영향을 과소평가하고, 성격이나 타고난 기질적 요인들과 연결 지어 설명하려고 하는 경향을 말합니다.

### 4. 후광효과

어떤 대상이나 사람에 대한 일반적인 견해가 그 대상이나 사람의 구체적인 특성을 평가하는 데 영향을 미치는 현상입니다.

### 5. 지식의 저주

사람이 무엇을 잘 알게 되면 그것을 모르는 상태가 어떤 것인지 상상하기 어렵게 된다는 뜻입니다.

### 6. 밴드웨건 효과

소비자가 대중적으로 유행하는 정보를 쫓아 상품을 구매하는 현상을 말합니다.

### 7. 손실회피편향

얻은 것의 가치보다 잃어버린 것의 가치를 크게 평가하는 것을 말합니다.

### 8. 사후확신편향

일어난 일에 대해 원래 모두 알고 있었다는 듯이 말하거나 생각하는 것을 뜻합니다.

### 9. 프레이밍 효과

어떤 사안이 제시되는 방법에 따라 동일한 사안이라고 해도 그에 관한 사람들의 해석이나 의사결정이 달라지는, 인식의 왜곡 현상을 가리키는 말입니다.

### 10. 앵커링 효과

배가 닻anchor을 내리면 닻과 배를 연결한 밧줄의 범위 내에서만 움직일 수 있듯이 처음에 인상적이었던 숫자나 사물이 기준점이 되어 그 후의 판단에 왜곡 혹은 편파적인 영향을 미치는 현상입니다.

### 12. 생존 편향

생존에 실패한 사람들이 눈에 띄지 않기 때문에 이에 따라 비교적 가시성이 두드러지는 생존자들의 사례에 집중함으로써 생기는 편향을 말합니다.

마케팅에서 사람을 이해하려고 노력하는 것은 매우 중요합니다.

'마케팅의 아버지'라고 불리는 마케팅의 대가이자 세계적인 경영사상가인 필립 코틀러는 "마케팅은 인류학과 심리학, 사회학의 혼합체이다."라고 했습니다.

심리학, 사회심리학, 행동경제학, 뇌과학 등은 똑똑한 사람들이 왜 바보 같은 결정을 하는지, 사람들이 왜 특정 브랜드를 좋아하는지, 비슷한 품질과 가격의 상품이라도 어떤 것은 잘 판매되고 다른 것은 왜 그렇지 않은지 등 광고와 마케팅 분야에서 생기는 많은 궁금증을 이해할 수 있도록 도와줍니다.

지금보다 마케팅을 더 잘하고 싶다면 심리학, 행동경제학 책을 읽어 보며 소비자에 대해 좀 더 이해의 폭을 넓혀 보길 추천해 드립니다.

## ◈ Action Point

☑ 마케팅 마인드셋이란 '마케팅을 대하는 생각, 태도, 사고방식'을 말합니다.

☑ 프로젝트에 참여하는 사람들의 마케팅 마인드셋을 서로 맞춰야 합니다.

☑ 마케팅 마인드셋은 '마케팅 퍼스트', '고객 퍼스트', '실행 퍼스트'로 구성됩니다.

☑ 대표자가 마케팅을 모르면 비즈니스에 큰 문제가 생길 수 있습니다.

☑ 마케팅은 사람의 심리를 아는 것과 올바른 판단을 하는 것이 중요합니다.

## 06

# 현혹하는
# 마케팅 광고는 사기다

### ⊙ 누구에게나 일어날 수 있는 일

한국인터넷진흥원<sup>KISA</sup> 정보기술통신<sup>ICT</sup> 분쟁조정 지원센터에 따르면 '온라인광고 분쟁 상담·조정 신청이 2022년 7,549건으로 집계되었고 2021년 기준 조정신청 광고 유형은 블로그가 35.4%로 가장 많았다'고 합니다. 그 뒤를 이어 '검색 31%, 소셜미디어<sup>SNS</sup> 11.7%, 블로그 등을 통한 노출 6.1%, 모바일 5.3% 순이었다. 분쟁조정 신청인 업종 비율은 음식업이 27.3%를 차지하며 가장 많았고, 이어 도소매업 15%, 이미용업 12.9%, 쇼핑몰 12.4% 순으로 나타났다'고 합니다.

이처럼 온라인에서 중소기업, 자영업 등을 대상으로 한 광고와 마케팅 분쟁이 끊이지 않고 있습니다. 대부분의 광고와 마케팅 대행사는 전문적으로 맡은 일을 잘 진행하고 있지만 일부 부도덕하고 실력 없이 영업만 앞세우는 대행사 때문에 피해를 보는 광고주도 상당히 많습니다.

광고와 마케팅에 대해서는 잘 모르지만 사기 업체를 잘 거를 수만 있어도 매달 적게는 수십만 원에서 수백만 원 이상 손해 보지 않을 수 있습니다. 또한 제대로 된 대행사와 함께 일하고 성과를 낼 수 있기 때문에 오히려 큰 이득이 됩니다.

사기詐欺는 남을 속인다는 뜻입니다. 따라서 처음 계약 당시에 내세웠던 조건이나 약속과 달리 광고주를 속이고 약속을 지키지 않거나 지킬 생각이 없는 것이 가장 많은 사례입니다. 관련 기사에 나왔던 예를 들면 서울 노량진에서 스터디카페를 운영하는 B씨는 최근 수원의 한 온라인광고 대행 업체와 계약했습니다. 하지만 계약 후 6개월이 지나도 업체에서 해주겠다던 블로그 홍보와 파워링크 최상단 노출이 제대로 이행되지 않았다고 합니다. 그리고 돌이켜 생각해 보니 계약서도 카카오톡 채팅방으로 전달받았고 제대로 된 계약 내용도 듣지 못했다고 합니다. 또한 환불을 요구한 B씨에게 업체는 터무니없는 고액의 위약금을 요구했습니다.

이처럼 처음에는 광고주가 원하는 것을 해주겠다고 이야

기하지만, 광고비 등이 입금되고 나서 처음의 말과 달리 약속했던 일을 진행하지 않는 경우가 가장 많고 아예 잠적하고 연락을 끊는 일도 있습니다. 또한 업무 진행에 대한 불만으로 환불 등을 요구하면 계약서를 들먹이며 몇 배의 위약금을 요구하는 황당한 일도 있습니다.

## ☞ 사기 업체의 특징

그렇다면 사기 업체들의 특징은 무엇이 있을까요? 이것을 알면 모두는 아니더라도 사기 업체를 판별하는 데 도움이 될 수 있으니 참고하시기 바랍니다.

첫째, 업무 과정이 투명하지 않다.

사기 업체는 제대로 된 계약서와 견적서를 준비하지 않는 경우가 있습니다. 비대면이라도 계약서를 전달하는 과정이 이메일 또는 우편도 아닌 카톡 등으로 전달하기도 합니다.

또한 업무 일정이나 진행 과정과 결과도 제대로 공유하지 않습니다. 물론 조건에 따라 보고서를 작성하는 대신 약식으로 보고하거나 구두로 내용을 협의하기도 하지만 월 단위

또는 주 단위로 진행 상황에 대해 광고주에게 보고서 또는 구두로라도 공유하고 향후 일정과 계획을 논의해야 합니다. 하지만 사기 업체는 이런 기본적인 업무 절차를 무시하기 때문에 광고주는 무엇이 어떻게 진행되고 있는지를 잘 모릅니다.

둘째, 정체가 의심스럽다.

관련 업무를 진행한 포트폴리오가 없거나 내용이 부실하고 업체 정보도 의심스러운 구석이 있습니다. 일부는 카페나 블로그를 홈페이지로 대신 사용하거나 잦은 구인광고를 내고 구인 내용도 전문성이 떨어지고 부실합니다.

또한 물리적으로 대면 미팅이 어렵다면 전화나 이메일 등으로 업무 관련 의사소통이 가능해야 하는데 자주 연락이 끊기거나 어렵습니다. 담당자가 자주 교체되기도 합니다. 대화해 보면 광고, 마케팅에 대해 낮은 수준의 지식과 경험이 있습니다.

누구나 직접 한번 해보면 아는 정도의 일부 광고 매체나 소셜미디어의 기능적인 이야기를 주로 하는 것을 보면 알 수 있습니다. 이는 경력과 경험이 부족한 낮은 연봉의 담당자를 채용해서 다수의 광고주 일을 맡기는 박리다매 형식의 구조적인 이유 때문이기도 합니다.

　셋째, 과장되고 무리한 약속과 보장을 한다.

　사기 업체의 가장 중요한 관심사는 영업으로 신규 계약을 유치하는 것입니다. 계약 후 광고와 마케팅의 목적이나 목표에 관심을 두는 것이 아니기 때문에, 지키지 못할 약속이나 실행할 수 없는 이야기를 해서라도 계약을 서두르게 됩니다.
　영업을 위해서 광고주가 가장 관심 있는 분야의 성과와 경험을 과장하고 저렴한 가격이나 무료, 환불 조건 등을 내세워 장기 계약을 유도합니다.


## ⊙– 사기를 피하려면

　그렇다면 이렇게 사기 업체로부터 피해를 보지 않으려면 어떻게 해야 할까요?
　기본적으로 알고 있어야 할 3가지에 대해 말씀드립니다. 물론 모든 경우에 법적인 보호를 받을 수 있다는 보장은 없습니다만 이것만 알고 있어도 최악의 상황에 어느 정도 대비할 수 있습니다.

첫째는 광고와 마케팅의 목적과 요청사항을 명확히 하는 것입니다.

사기 업체가 무료로 서비스로 무엇을 해준다고 하더라도 가장 중요한 것은 내가 광고와 마케팅을 하는 목적을 이룰 수 있느냐 하는 것입니다. 따라서 목적하는 바가 아닌 다른 제안을 하고 계약을 먼저 유도하는 업체는 피하는 것이 좋습니다.

이를 확인하기 위해서는 내가 광고와 마케팅을 통해 이루고자 하는 목적과 목표를 실행해 본 경험이 있는지 포트폴리오를 요구하는 것이 좋습니다. 그리고 계약서 작성을 꼭 요구하고 계약 내용에 그 대행사가 할 수 있다고 약속한 내용을 꼭 넣고 그것이 미이행될 때의 환불 조건을 명시하는 것을 추천해 드립니다.

두 번째는 가격이 아닌 내용을 확인하는 것입니다.

세상에 공짜는 없습니다. 무료라는 말은 사람을 끌어들이는 아주 강력한 마법의 단어입니다. 그리고 사기 업체가 가장 잘 사용하는 단어이기도 합니다. 일반적으로 가격이 저렴하면 기대치도 낮아집니다. 예를 들면 동네 분식점에서 라면을 사 먹으며 고급 레스토랑의 서비스나 맛을 기대하지 않습니다. 하물며 광고와 마케팅 역시 무료, 서비스 등을 내세우며 가격이 낮다는 것을 강조하는 것은 그만큼 서비스의 품질을 기대하기 어려운 것이 당연한 이치입니다.

그러므로 가격에 현혹되는 것이 아니라 대행사가 약속하는 내용이 어떤 것인지를 살펴봐야 합니다. 오히려 상대적으로 높은 비용을 지급하고서라도 제대로 성과를 내는 업체와 일을 하는 것이 사기의 위험성도 줄이고 결과도 보장됩니다.

무료, 서비스 등에 현혹되어 약속한 내용을 지킬 수 있을 만큼의 경험과 실력도 없는 업체와 일하는 우를 범하지 말아야 합니다. 처음부터 위험성을 줄이기 위해 실력 있고 검증된 업체와 제대로 일하는 것을 추천드립니다.


세 번째는 담당자의 경력과 수준을 확인하는 것입니다.


사기 업체의 구조적 특성상 경력과 경험이 풍부한 전문가를 고용할 수 없습니다. 저렴한 광고와 마케팅 그리고 무료 서비스만을 강조하며 고급 인력 대신 경력이 적은 담당자가 그 일을 수행하는 구조입니다. 따라서 낮은 연차의 신입, 경력과 경험이 부족한 담당자가 적게는 몇 개, 많게는 10개 이상의 광고주를 관리하게 됩니다.

그러므로 광고주의 비즈니스에 대한 이해가 부족하고 단지 담당하는 매체의 사용 기술과 기능적 경험이 있을 뿐입니다. 처음 약속과 달리 경험과 실력 부족의 문제가 계속 발생할 수 있습니다.

계약은 회사와 하지만 실제로 내 일을 담당하는 사람이 누구인지가 가장 중요합니다. 따라서 나의 광고나 마케팅을 담당하게 되는 담당자가 직접 수행했던 사례를 요구하고 그것에 대해 질문을 해서 최소한 그 담당자가 진행한 것이 맞는 지를 확인해 봐야 합니다.

위에서 말씀드린 세 가지는 사기 업체를 피하기 위해서는 기본적으로 확인하고 판단해야 할 내용입니다. 이외에도 진행 과정에서 미디어의 핑계를 대며 말을 바꾸거나 처음 계약 당시와 달리 조건을 변경하려고 하는 등의 의심 가는 행동이 있을 때는 그대로 넘어가기보다는 꼭 지인이나 인터넷 검색을 통해 한 번쯤 확인해 보는 것을 추천해 드립니다.

## ◈ Action Point

☑ 온라인 광고, 마케팅 대행사와의 분쟁은 누구에게나 일어날 수 있는 일입니다.

☑ 의도적이든 그렇지 않든 피해를 보지 않으려면 미리 꼼꼼히 따져 봐야 합니다.

☑ 과장되고 무리한 약속은 문제를 발생시킬 수 있습니다.

☑ 우리 광고와 마케팅을 맡을 담당자의 경력과 경험이 중요합니다.

☑ 공짜, 무료를 강조하는 곳보다 성과를 제대로 낼 수 있는 대행사와 일해야 합니다.

# II

# 9개의 질문으로
# 마케팅블록
# 쌓기

# 07

# 마케팅블록
# 시스템

15년 이상 광고와 마케팅 업계에서 일하며 다양한 업종의 크고 작은 수백 건의 프로젝트를 진행했습니다. 계획대로 잘 진행된 일도 있었지만 예상치 못한 일로 큰 낭패를 본 경험도 있습니다. 여러 가지 성공과 실패의 과정을 경험하면서 프로젝트의 규모, 목적이나 목표는 달라도 어떤 마케팅이든 실무에서 공통으로 포함되는 요소와 순서가 있다는 것을 배웠습니다.

어떤 마케팅이든 포함되는 요소와 순서를 이해하기 쉽게 정리한 것이 바로 '마케팅블록 시스템marketing block system, 이하 마블시스템'입니다.

첫 번째 마케팅블록상품, 제품 : 어떤 가치를 제공할 것인가?

두 번째 마케팅블록잠재고객 : 누구를 만족시켜 줄 것인가?

세 번째 마케팅블록해결할 문제 : 왜 사거나 사지 않는가?

네 번째 마케팅블록목적과 목표 : 무엇을 원하는가? 몇 명이 대상인가?

다섯 번째 마케팅블록전략과 전술 : 뭣이 중헌디? 근데 어쩌라고?

여섯 번째 마케팅블록컨셉과 콘텐츠 : 무엇을 이야기할 것인가?

일곱 번째 마케팅블록예산 : 얼마를 쓸 것인가?

여덟 번째 마케팅블록미디어 : 어디서 실행할 수 있는가?

아홉 번째 마케팅블록일정 : 언제까지 실행할 수 있는가?


마블시스템은 마케팅을 구성하는 기본 요소들을 각각의 블록으로 만들고 마케팅의 방향, 목적과 목표에 맞게 그것을 쌓아 나가면 나만의 마케팅을 만들 수 있는 '마케팅의 레고Lego 버전'이라고 생각하면 이해하기 쉽습니다.

예를 들어 레고로 만들 수 있는 작품들은 자동차, 로봇, 우주선, 캐릭터, 건물, 동물, 인물, 지도 등 말 그대로 무궁무진합니다. 결과물은 모두 서로 다르지만 결국 그것을 구성하는 '브릭brick'이라는 작은 조각들이 모여 만들어집니다.

'마블시스템'도 마찬가지입니다. 각자가 원하는 마케팅 결과물을 만들기 위해 마케팅블록을 마케팅의 방향, 목적, 목표, 조건 등에 따라 조립하며 만들어 나가는 것입니다. 레고의 기본 브릭이 직사각형, 정사각형, 긴 것, 짧은 것, 1단, 2단 등의 종류가 있듯이 마블시스템의 마케팅블록은 총 9개로 이루어져 있습니다.

'마블시스템'의 장점은 현재 마케팅에 문제가 있다면 어디서 문제가 생겼는지를 각각의 마케팅블록을 점검하며 확인할 수 있다는 것입니다. 또한 마케팅을 시작할 때 무엇부터 해야 할지 몰라도 마케팅블록을 순서대로 하나씩 쌓아 가는 과정에서 무엇부터 시작해야 할지를 자연스럽게 배울 수 있습니다.

중요도에 따라 각 블록의 크기와 높이가 다른 레고의 기본 브릭에 이름을 쓰거나 스티커를 붙여 각각의 마케팅블록으로 활용할 수도 있습니다. 실제 레고 브릭으로 마케팅블록을 만들어 보면 훨씬 이해가 쉬울 뿐만 아니라 눈에 잘 보이는 곳에 두고 필요할 때마다 살펴보면 계획한 마케팅의 전체적인 구조와 방향을 잊지 않도록 해주는 효과가 있습니다.

우리가 레고 브릭으로 기존 제품이 아닌 내가 만들고 싶은 무엇인가를 만들 때 특별히 설명서가 필요하지 않습니다. 브릭의 종류와 사용법만 알면 중요한 건 상상력과 그것을 실행하는 것입니다. '마블시스템'도 마케팅에 대한 전문적인 지식이나 경험, 노하우가 없더라도 각 각의 마케팅블록을 이해하면 내가 하고자 하는 프로젝트에 맞게 그것을 구성해서 실행하면 됩니다.

마케팅을 처음 하거나 현재 마케팅에 문제가 있어 답답한 사람이라면 어디서부터 시작해야 할지 또는 무엇을 점검해야 할지가 궁금합니다. 그럴 때 9개의 마케팅블록을 살펴보며 확인해 보시길 바랍니다.

지금부터 나만의 마케팅을 만드는 9개의 마케팅블록을 알아보겠습니다.

**08**

## 첫 번째 마케팅블록 상품, 제품
# 어떤 가치를 제공할 것인가?

### ⊙ 품질이 좋으면 알아서 팔린다?

먼저 제 이야기를 들려드리겠습니다.

십수 년 전 저는 운동을 좋아하는 사람들이 쉽고 편하게 입을 수 있는 스포츠 캐주얼 브랜드를 준비하고 있었습니다. 외부 활동과 땀이 많이 나는 여름철에 맞춰 생산에 필요한 모든 준비를 마쳤습니다. 이제 남은 일은 생각한 대로 옷이 잘 나와서 오픈 마켓에 등록만 하면 되는 것뿐이었습니다.

옷은 원했던 대로 잘 나왔습니다. 사진을 찍고 상품을 올렸고 2주가 지났습니다. 그런데 단 한 건의 주문도 없었습니다. 가격을 3,500원으로 내리고 무료 배송으로 수정했습니다. 즉 옷 가격이 0원이었습니다. 누구라도 좋으니 제 옷을 입은 것만이라도 보고 싶었습니다.

한 달이 넘도록 단 한 건의 주문도 없었고 날씨와 계절이 바뀌고 있었습니다. 공장에는 쓰다 남은 원단과 부자재가 쌓였고 공장 사장님에게 생산을 멈춰 달라고 했습니다. 완성된 옷은 제 방 옷장과 책상 옆에 쌓였습니다.

좋은 원단으로 스타일 좋은 옷을 만들고 다른 옷들과 가격에서 차이가 없다면 사람들이 당연히 제 옷을 살 것으로 생각했습니다. 그러나 이 생각이 틀렸다는 걸 알게 된 건 옷 사업을 정리하고 몇 년이 지난 후였습니다.

상품이나 서비스를 만드는 많은 사람이 잘 팔리는 상품은 품질이 좋기 때문이라고 생각하기 쉽습니다. 그래서 가장 먼저 잘 팔리는 상품의 품질부터 연구하고 그것보다 품질을 높이고자 노력합니다. 그리고 소비자에게도 우리 상품은 경쟁사보다 좋은 품질의 상품이라는 것을 가장 강조해서 이야기합니다.

하지만 실제로는 상품의 품질이 판매를 보장하지는 않습니다.

품질의 판단은 구매 이후 이루어집니다. 그리고 그것은 고객의 문제해결에 어떤 가치를 제공했느냐에 따라 달라집니다. 상품의 기능과 스펙은 고객이 상품을 구매한 판단이 틀리지 않았고 이성적인 결정이었다고 생각할 수 있게 도와주는 근거로 활용됩니다. 설사 고객은 그렇게 말하지 않더라도 말입니다. 그래서 '품질'보다 '왜 사는지'가 더 중요합니다.

숭실대학교 김근배 교수는 그의 저서 『끌리는 컨셉의 법칙』에서 이렇게 말합니다.

"열등한 제품이 우월한 제품을 이길 수 있지만, 열등한 컨셉은 결코 우월한 컨셉을 이길 수 없다."
"사야 할 이유란 구매동기, 소비자 인식, 구매 행동을 유도하는 것"

'상품의 품질이 좋다 나쁘다'를 결정하는 것은 그것을 '파는 사람'이 아니라 '사는 사람'이 결정한다는 것을 잊지 말아야 합니다. 창고에 가득 쌓인 재고를 보며 '품질 판단도 못 하는 무지한 소비자'라고 답답한 마음을 털어놓아도 '품질이 판매를 보장하지 않는다.'는 생각이 바뀌지 않는 한 아무것도 바뀔 것은 없습니다. 한 가지 덧붙이자면, 오해하지 말아야 할 것은 나쁜 품질의 상품도 마케팅으로 사람들에게 잘 팔 수 있다고 하는 이야기는 아닙니다. 그건 도덕성의 문제입니다. 소비자를 기망欺罔하는 나쁜 기업은 꼭 처벌받아야 합니다. 그래야 다른 정상적인 기업과 판매자가 오해받거나 소비자가 피해 보는 일이 줄어들 것입니다.

요컨대 고객이 보기에는 우리 상품의 품질도 좋고 다른 상품의 품질도 좋습니다. 고객의 눈높이와 구매의 이유가 품질을 결정합니다.

파는 사람이 아닌 사는 사람이 품질을 판단한다는 것을 잊지 말아야 합니다.

## ☞ 제품을 구성하는 3가지

여러분은 '제품'이 무엇이라고 생각하시나요?

'판매 목적의 어떤 물건'이라고 답을 한다면 100점 만점에 50점짜리 답입니다. 지금부터 나머지 50점을 채워 보겠습니다.

무라마츠 다츠오의 『고객의 80%는 비싸도 구매한다』에 소개된 필립 코틀러의 이야기로 제품의 정의에 대해 말씀 드립니다. 필립 코틀러는 그의 제품의 정의를 다음 3가지로 구분하여 이야기합니다.

첫째는 제품의 핵심입니다.

제품을 구매함으로써 얻을 수 있는 '구매자의 이익'을
의미합니다.

둘째는 제품의 실체입니다.
제품 그 자체를 의미합니다.

셋째는 제품의 부가 기능입니다.
애프터서비스, 할인 등 구매 시의 부가 서비스를 의미합
니다.

소비자의 구매 흐름도 제품의 핵심, 실체, 부가 기능 순으
로 확인하는 과정으로 진행됩니다.

예를 들어 에어컨을 구매할 때를 생각해 보면 구매하고자
하는 에어컨의 핵심, 실체, 부가기능 순으로 검토하고 구매
를 결정하는 것입니다.

방의 쾌적한 온도조절에 알맞은 크기와 성능인가? 기능,
디자인, 브랜드를 포함한 에어컨의 실체는 어떤가? 애프터
서비스, 할부 제도, 설치공사 등 제품의 부가 기능을 확인하
고 구매 여부를 결정하는 것입니다.

여기까지의 이야기라면 굳이 소비자를 관찰하지 않더라
도 우리 스스로 구매 과정만 생각해 보아도 충분히 이해할

수 있습니다. 하지만 대부분의 중요한 것이 그렇듯 겉에 보이는 것이 전부가 아닙니다. 중요한 것은 그 이면裏面에 있습니다.

유명 브랜드의 높은 인지도와 신뢰도를 가진 성능 좋은 에어컨이 애프터서비스까지 잘 된다는 건 너무 기본이기 때문입니다. 그렇다면 겉으로 드러나지 않아 눈에 잘 보이지 않는 무엇을 봐야 할까요?

## ⊙ 제품의 앞면과 뒷면

장기, 바둑, 체스와 같은 전략 경기에서는 상대의 심리를 읽는 것이 경기의 승패를 좌우하는 중요한 요소 중 하나입니다. 경기 중 두는 한 수手마다 상대의 의도와 심리상태를 담게 되므로 상대방의 심리를 읽는 것이 중요합니다.

만약 '마케팅'이라는 가상의 전략 경기가 생긴다면, 장기, 바둑, 체스와 같이 상대방의 심리를 얼마나 잘 이해하고 공감하고 파악하느냐가 승패를 가르는 중요한 요소가 될 것입니다. 그리고 심리를 읽는 것에서 중요한 요소는 상대에 대해 얼마나 잘 알고 있느냐 하는 것입니다. 상대의 습관, 태도, 상태 등입니다. 상대의 문제가 무엇인지, 무엇을 원하는지, 계획은 무엇인지 등을 알고 있어야 상대보다 한 수 앞을 내다보고 경기를 유리하게 진행할 수 있습니다.

이해를 돕기 위해 예를 들었지만, 결론적으로 하고 싶은 이야기는 제품을 구매하는 소비자의 심리, 욕망, 문제를 이해하고 있어야 하고 제품은 그것을 만족시켜 줄 수 있는 가치를 제공해야 한다는 것입니다.

얼마 전 피트니스 센터에서 사용하던 남성용 올인원 화장품을 다 써서 가족들과 함께 국내 1위 프랜차이즈 드러그스토어drugstore, 의약품, 화장품, 건강보조식품, 생활용품, 미용제품 등 다양한 품목을 한 곳에서 판매하는 소매점를 갔습니다. 남성용 제품의 종류도 많고 평소에 관심이 없다 보니 어느 제품을 사용해야 할지 선택하기 힘들었습니다. 그래서 직원에게 추천을 부탁했습니다.

직원은 제게 피부가 건성인지, 지성인지를 물었고 특별히 어느 쪽이라고도 말하기 어려워서 그냥 보통이라고 했습니다. 평소에 '개기름'이 흐르는 편인가요?라는 질문은 저와 와이프 모두 당황하게 만들기도 했습니다. 아쉽게도 제게 제품을 설명해 준 직원은 제가 구매하려는 이유와 사용하는 장소와 때를 묻지 않았고 통상 누구에게나 하는 질문을 하였습니다. 추천을 부탁한 제가 오히려 직원의 생각에 맞춰 어떻게 답을 해야 하나 고민에 빠졌습니다. 몇 가지 제품의 특징을 설명 듣고 저는 그중에서 가격 대비 용량이 큰 것을 골랐습니다.

제가 찾는 제품은 운동하고 샤워를 한 후 빨리 건조해지지 않고 너무 미끄럽지 않은 제품 정도였습니다.

앞서 이야기했던 '제품'에 대해 다시 정리해 보겠습니다. '판매 목적으로 만든 어떤 물건'은 생산자, 판매자 관점에서 겉으로 보이는 제품의 앞면입니다. 앞면에서는 주로 스펙, 기능, 디자인, 포장, 가격 등 누구나 눈에 보이는 것입니다.

구매하는 소비자는 어떨까요?
소비자는 제품의 앞면뿐만 아니라 뒷면까지 봅니다.

여기서 '뒷면'이라는 뜻은 제품을 구매했을 때 자신이 현재 고민하는 문제를 해결해 줄 수 있는지, 자신이 상상하는 모습이 현실이 될 것인지, 자신의 기분 또는 구매한 제품을 받는 사람이 만족할 수 있는지 등을 의미합니다. 뒷면에서는 눈에는 보이지 않지만, 구매의 이유가 되는 욕구, 감정, 필요, 문제해결 등 소비자가 구매를 통해 얻게 될 가치가 표현됩니다.

만약 '식당이 전부 거기서 거기지, 밥만 배부르게 먹으면 되는 거 아니냐?'라고 생각하는 식당 대표자가 있다면 장사가 잘되기는 어렵겠다고 쉽게 생각할 수 있습니다.

음식의 맛과 종류, 직원의 서비스, 인테리어와 분위기, 청결, 어제 먹은 메뉴, 오늘 컨디션, 누구랑 먹는지, 언제 먹는지 등 한 끼 식사를 하더라도 소비자 눈에 보이는 식당 간판의 뒷면에서는 생각보다 많은 것이 판단의 이유가 됩니다.

그러니 마케팅 관점에서 제품을 바라볼 때는 눈에 보이는 앞면이 아닌 소비자가 보는 뒷면, 즉 무엇을 만족<sup>해결</sup>할 수 있는가를 볼 수 있어야 합니다. 다시 말해 제품이란 '소비자의 문제 또는 욕망을 해결하는 특정한 가치를 전달하는 것'이라고 할 수 있습니다. 제품을 이렇게 생각하면 누가 나의 잠재고객인지, 무엇을 이야기하고, 어떤 것을 제공해야 하는지 등 마케팅의 관점이 달라집니다.

세계적인 마케팅 구루이며 베스트셀러 작가인 세스 고딘은 그의 저서 『마케팅이다』에서 "성공적인 마케팅의 첫 번째 단계로 세상에 기여할 만한 가치 있는 물건을 고안하는 것"이라고 했습니다. 그가 이야기하는 성공적인 마케팅의 5단계를 소개해드립니다.

성공적인 마케팅의 5단계
첫 번째 단계 : 들려줄 만한 이야기가 있고, 세상에 기여할 만한 가치가 있는 물건을 고안하는 것이다.

두 번째 단계 : 그것을 소수의 사람에게 혜택을 주고 사랑받을 방식으로 설계하고 제작하는 것이다.

세 번째 단계 : 소수의 집단, 최소유효시장우리의 비즈니스가 생존할 수 있는 최소의 규모에서 그들이 의미를 부여하고 해석하는 방식에 맞는, 그들의 꿈에 맞는 이야기를 들려주는 것이다.

네 번째 단계 : 모두가 흥분하는 일, 바로 입소문을 퍼뜨리는 것이다.

다섯 번째 단계 : 오랫동안 꾸준히, 일관되게, 정성껏 일으키고자 하는 변화를 기획하고, 주도하며, 그에 대한 신뢰를 구축하는 것이다.

이 책의 전반에 걸쳐 계속 강조합니다만 중요한 것은 '가치'라는 키워드입니다. 소비자의 가장 큰 관심은 자기 자신, 즉 본인에게 어떤 가치가 있느냐입니다. 제품의 스펙이나 가격보다 내가 지금 고민하고, 해결하고 싶은 문제, 욕망과 감정을 만족하게 해줄 수 있느냐가 더 중요하다는 뜻입니다.

지금 마케팅하는 제품은 누구에게 어떤 가치를 전달하고 있는지 생각해 보기를 바랍니다.

◈ **Action Point**

☑ 상품의 품질이 좋다, 나쁘다는 파는 사람이 아닌 사는 사람이 결정합니다.

☑ 품질의 판단은 구매 후 고객의 경험으로 결정됩니다.

☑ 소비자가 제품이 필요한 이유를 아는 것이 중요합니다.

☑ 제품은 소비자의 문제, 욕망을 해결하는 가치를 전달해야 합니다.

☑ 눈에 보이는 겉모습뿐만 아니라 소비자가 보는 제품의 이면을 알아야 합니다.

**09**

두 번째 마케팅블록 잠재고객
# 누구를 만족시켜 줄 것인가?

### ⊙ 고객의 5가지 구분

혹시 '누가 고객인가요?'라고 물으면 뭐라고 답을 하시나요?

내 상품을 구매하는 사람? 2030 여성? 직장인? 거래처? 유통사?

물어보기는 가장 쉬운 질문이면서도 선뜻 한마디로 대답하기는 어려운 질문이 바로 '누가 고객인가?'라는 질문입니다. 대기업 브랜드 담당자뿐만 아니라 많은 중소기업 대표자와 만났지만 '누가 고객인가?'라는 질문에 짧고 명확하게 답을 듣는 경우는 그리 많지 않았습니다. 대부분은 모호하고 누구나 대답할 수 있는 넓은 범위로 설정하고 있는 경우가 많았습니다. 또한 고객과 소비자를 같은 의미로 사용하기도 했습니다.

가장 많은 예는 '우리 상품의 고객은 2030여성'과 같이 아주 넓은 범위, 일반적인 인구통계를 기준으로 이야기하는 경우였습니다. 하지만 우리가 평소에 쉽게 이야기하는 고객은 모두 같은 고객이라고 할 수 없습니다. 누구와 대화하는지에 따라서도 다르고 마케팅에서도 '고객'을 단지 한 가지 의미로 사용하지 않습니다.

이 책을 읽는 동안 '고객'이라는 용어의 의미를 이해하기 쉽게 제가 5가지로 구분하는 고객을 말씀드립니다. 그리고 이 책에서 각각을 구분하여 이야기하면 오히려 복잡하고 헷갈릴 수 있기 때문에 일반적으로 표현하는 '고객'은 '잠재고객'을 의미합니다.

첫 번째는 소비자입니다.

소비자는 아직 우리 제품을 구매하지 않은 가장 큰 범위의 마케팅 대상을 의미합니다. 바꿔 말하면 경쟁사 제품을 구매하거나 이용하는 사람이기도 합니다. 예를 들면 '2030 여성 소비자'와 같이 주로 인구통계로 표현하는 경우입니다.

두 번째는 잠재고객입니다.

소비자 중에서도 우리 제품을 구매할 가능성이 큰 마케팅 핵심 대상을 의미합니다. 다른 말로 '타깃'이라고 하는 대상입니다. 예를 들면 제품에 따라 '2030 여성 소비자' 중에서도 갓 대학에 입학한 새내기 여자 대학생일 수도 있고 결혼을 앞둔 30대 초반의 예비 신부일 수도 있습니다. 잠재고객이 누구인가에 따라 마케팅의 방향, 전략과 전술 등 많은 것이 달라집니다.

세 번째는 고객입니다.

잠재고객 중 우리 제품을 구매한 사람을 의미합니다. 고객관리의 핵심 대상이기도 하며 다음 단계로 넘어가기 위해 지속적인 의사소통과 관계를 만들어 가야 하는 대상입니다. 한 번 구매했다고 해서 계속 고객으로 남는다는 보장은 없습니다. 바꿔 말하면 1회 구매 고객에서 반복적인 재구매를 하는 단골늘 정하여 놓고 거래하는 손님로 만들어야 하는 대상입니다.

네 번째는 단골입니다.

비즈니스를 유지하고 성장시켜 주는 데 가장 큰 역할을 하는 고객입니다. 단골이 많아질수록 비즈니스는 더욱 탄탄해지고 마케팅 또한 비용 대비 효과가 커지게 됩니다. 신규 고객을 유치하는 것보다 적은 비용으로도 단골을 위한 다양한 혜택과 서비스를 제공하여 오히려 더 큰 매출을 만들 수도 있습니다. 예를 들면 백화점이나 카드사, 회원제 서비스에서 회원 등급을 구분하는 MVG, VIP 등 매출 비중이 높고 정기적으로 구매하는 고객도 포함됩니다.

마지막 다섯 번째는 팬입니다.

팬은 단순히 구매를 많이 하는 사람과는 다른 의미입니다. 일반적인 고객보다 높은 매출을 만들어 주지만 그것보다도 감정적인 교류가 가능한 단계의 고객을 의미합니다. 브랜드, 제품을 마치 자신의 것처럼 좋아하고 응원하고 지지하며 요구하지 않아도 다른 사람에게 스스로 소문 내고 추천하고 선물하는 고객입니다. 한마디로 고객의 끝판왕<sup>가장 뛰어나고 대단한 사람이나 그러한 대상</sup>입니다.

디지털 문화심리학자 이승윤 작가는 그의 저서 『커뮤니티는 어떻게 브랜드의 무기가 되는가』에서 "컨슈머<sup>consumer, 소비자</sup>가 아니라 팬슈머<sup>fansumer, 팬과 소비자의 합성어</sup>를 발굴하고 길러 내야 한다."며 팬덤 확보의 중요성에 대해 강조했습니다.

"기업은 이제 팬덤 확보 차원에서 커뮤니티 활동해야 한
다. 뚜렷한 취향을 가진 소비자와 그들을 위한 수많은
제품과 서비스가 쏟아져 나오고 있는 시대에 기업이 살
아남으려면 자사의 브랜드에 충성심을 가진 팬덤을 확
보하는 것이 급선무다. 커뮤니티 활동을 통한 팬덤 확보
가 중요한 이유는 수동적인 소비자의 시대가 끝나고 능
동적인 소비자 시대가 열렸기 때문이다. 커뮤니티 플랫
폼을 만드는 것이야말로 브랜드의 생존과 직결된다는
것을 깨달아야 한다."

팬이 많은 브랜드는 매출이 높고 비즈니스가 성장하는 것
은 물론이고 문제가 발생되어도 같은 편이 되어 함께 문제
를 해결하는 데 앞장서서 힘을 실어 줍니다. 꼭 대기업의 큰
브랜드만이 팬이 있는 것은 아닙니다. 작은 규모의 브랜드
라도 얼마든지 강력한 팬덤특정한 인물이나 분야를 열정적으로 좋아하
는 사람들이 만들어지고 그 힘으로 브랜드를 성장시키기도 합
니다. 성장하는 브랜드와 팬은 떼려야 뗄 수 없는 관계라고
할 수 있습니다.

혹시 그동안 소비자와 고객을 같은 의미로 사용하고 있었

다면 이제부터 구분하여 생각해 보시길 바랍니다. 나의 마케팅 대상, 즉 내 제품으로 문제, 고민, 욕망, 필요 등을 해결할 사람이 누구인지가 이전과는 달라 보일 것입니다.

5가지 구분으로 나누기 어렵거나 너무 많다면, 잠재고객<sup>소비자 포함</sup>, 고객<sup>단골 포함</sup>, 팬 3가지로 줄여서 구분하는 것을 추천해 드립니다.

## ☞ 좁은 타깃 vs 넓은 타깃

과거에 회의하던 중 마케팅 타깃은 좁고 명확해야 한다고 이야기했습니다. 제 이야기가 끝난 후 회의에 참석했던 사람 중 한 명은 오히려 넓어야 좋은 거 아니냐며 그래야 더 많은 사람에게 제품을 알리거나 판매를 유도할 수 있는 것이라는 의견을 말했습니다.

당시에 저는 '너무 당연한 건데 이걸 왜 그렇게 생각하지?'라는 생각과 함께 오히려 당황스러웠고 설명해야겠다는 생각도 하지 못하고 지나갔습니다. 지금에 와서 보면 타깃을 넓게 잡아야 한다고 했던 사람은 마케팅의 대상을 좁게 잡으면 마치 우리 제품을 구매할 사람도 줄어드는 게 아니냐고 생각했던 것 같습니다. 그리고 시간이 지나서 이렇게 생각하고 있는 사람이 많다는 것 알게 되었습니다.

만약 우리 제품이 남녀 모두 사용할 수 있는 바디워시라고 마케팅한다면 남녀가 모두 타깃이기 때문에 타깃을 좁혔을 때보다 더 많이 판매될까요? 아니면 남녀 모두에게 선택을 더 못 받을까요?

출시 이후 부동의 국내 1위 숙취 해소제 브랜드의 온라인 마케팅을 진행하고 있을 때 이야기입니다. 마침 기존 제품 외에 여성용 제품이 새롭게 출시되어 두 제품의 마케팅에 모두 참여했습니다.

어느 날 미팅이 끝나고 나오면서 브랜드 담당자에게 재미있는 이야기를 들었습니다. 실제로 두 제품의 성분 차이는 거의 없다는 것이었습니다. 오히려 새로 출시된 여성용 제품에는 술 마신 후 피부가 푸석해지거나 건조해지는 것을 막기 위해 주로 바르거나 먹는 데 사용되는 피부 보습 성분이 들어갔다는 이야기였습니다. 성분만 본다면 새로 나온 제품을 마시는 것이 더 좋다는 이야기입니다.

하지만 새로 출시된 제품은 남녀공용이라는 말을 쓰지 않았습니다. 디자인과 이름에서 여성을 위한 제품의 이미지를 전달하고자 노력했습니다. 저는 그 이후 숙취 해소제를 구매할 일이 생기면 꼭 여성용 제품을 구매했습니다. 그때마다 항상 함께 술을 마시던 사람들이 묻는 말이 '왜 여성용을 사왔느냐'입니다. 하지만 제가 조금 전 일화를 이야기하는 순간 언제 그랬냐는 듯이 다들 서둘러 마십니다. 지금까지 단 한 번도 기존 제품으로 바꿔 달라거나 싫다는 사람을 본 적이 없습니다.

타깃은 좁고 명확할수록 좋습니다. 그래야 누구를 위한 제품인지 누구에게 어떤 말이 하고 싶은지 마케팅 방향과 메시지가 정리됩니다. 2030남녀라고 하면 20대 초반 남자 대학생인지, 20대 후반 여자 직장인인지, 30대 중반 미혼 남성인지, 30대 초반 자녀가 있는 기혼 여성인지, 도대체 누가 타깃인지 알 수가 없습니다. 소비자 관점에서는 오히려 이 제품은 '나를 위한 제품이 아니구나', '나에게 하는 말이 아니구나'라고 생각하게 만드는 것입니다.

타깃을 좁게 잡는 것은 누가 우리의 고객인지를 명확히 해줌으로써 비효율적인 광고, 마케팅 예산의 낭비를 막을 수도 있고 이 제품이 필요한, 구매해야 할 사람들만을 모을 수 있기 때문에 광고, 마케팅의 성과도 높일 수 있습니다.

타깃을 좁게 잡으면 구매할 사람이 줄어들지는 않을까 하는 걱정보다 오히려 타깃을 명확히 정리하고 어떻게 모을까를 고민하는 것이 더 나은 판단입니다. 그렇게 하면 그 타깃과 연관된 사람도 모이게 됩니다. 직장인 언니의 패션을 따라 하고 싶은 대학생 여동생이 있는 것처럼 말입니다.

마케팅은 나의 잠재고객을 모으는 활동이지, 대국민 공익 캠페인이 아닙니다.


## ☞ 누가 고객인가?

마케팅의 시작도 고객이고 마케팅의 끝도 고객입니다. 마케팅은 고객을 위해서 하는 것이지 판매자를 위해서 하는 것이 아니란 점을 이해하는 것이 중요합니다. 마치 연애할 때 내가 너랑 사귀어 주는 거라는 태도로는 연애하고 싶은 상대와 좋은 결과를 만들기 어려운 것과 마찬가지입니다. 우리가 택시나 버스를 탈 때 내가 타는 것이지 기사님이 나를 태워 주는 것으로 생각하지 않는 것이 당연한 이유입니다.

그렇다면 우리가 누구를 위해 마케팅해야 할지 판단하는 것이 우선이고 가장 중요한 일이라고 할 수 있습니다. 모든 사람과 연애할 수 없듯이 누가 타깃인지를 정하는 것이 소비자에서 팬까지의 긴 여정을 성공적으로 잘 이끌어 가기 위한 첫걸음입니다.

『핑크 펭귄』 저자 빌 비숍은 낡은 사고방식을 거부하고 변화를 돕기 위한 8가지 전략 중 첫 번째 전략으로 "고객 유형을 먼저 결정해야 한다."고 했습니다.

그는 저서 『관계 우선의 법칙』에서 이렇게 말합니다.

"제품이나 서비스가 아니라 고객 중심으로 구축된 전략적 기업은 모든 사고를 특정 유형의 고객을 선택하는 것에서부터 시작한다. 재즈 팬을 위한 사업, 포도주 애호가를 위한 사업, 서핑을 즐기는 사람, 미식가, 애완동물을 기를 사람 등 모두 새로운 유형의 고객이 될 수 있다. 여기서 기억해야 할 것은 각 유형의 고객이 모두 별도의 사업이라는 점이다.

성공을 위한 공식은 매우 간단하다. 지정된 유형의 고객들에게 독특한 가치를 제공할 수 있다면 유용한 것이고, 독특한 가치를 제공하지 못한다면 유용하지 않다. 제품에만 초점을 맞춘 기업은 언제나 이야기를 늘어놓을 뿐 남의 이야기에 귀를 기울이지 않는다."

타깃을 설정하는 가장 일반적인 방법은 가상의 고객을 설정하는 방법이 있습니다. '바이어 페르소나buyer persona', 줄여서 '페르소나persona'를 설정한다고 합니다.

페르소나persona란 고대 그리스 가면극에서 배우들이 썼다가 벗었다가 하는 가면을 말합니다. 이후 라틴어로 섞이며 사람person, 인격, 성격personality의 어원이 되었습니다.

현대 이탈리아어에서는 그 발음 그대로 사람이라는 뜻으로 쓰이며 다른 국가들에서 통상적으로는 '이미지 관리를 위해 쓰는 가면'을 의미합니다.

한마디로 페르소나를 설정한다는 것은 '이상적인 가상의 고객 이미지를 상상하여 구체화하는 것'입니다. 마케팅의 대상이 누구인지를 결정하는 방법으로 사용합니다.

예를 들면, 안마기 제품을 마케팅하기 위해 '30대 직장인 미혼 남성'의 페르소나를 간단히 설정해 보겠습니다. 가능하다면 필요한 항목들을 추가하여 구체적으로 설정하는 것이 좋습니다.

- 홍길동
- 남성, 35세, 미혼, 애인 없음
- IT 중견기업 6년차 과장, 연봉 5,000만원
- 30분 거리 직장 출퇴근, 자취
- 부모님 60대 후반, 지방 거주
- 농구 동호회, 배드민턴 동호회
- 피규어, 영화, 유튜브, 컴퓨터 게임
- 인터넷 쇼핑, 배달 음식
- 잦은 야근, 오랜 의자 생활, 운동 후 근육통, 피로감
- 다양한 안마기 경험

이처럼 성별, 나이, 직업, 수입, 거주지, 성향, 취미, 결혼 여부, 고민 등으로 고객의 페르소나를 설정하면 잠재고객에 대해 좀 더 이해와 공감을 할 수 있습니다. 타깃의 페르소나를 설정하면서 특히 집중해야 할 부분은 타깃이 무엇을 고민하는가입니다. 타깃의 문제와 고민의 이유가 우리가 해결해야 할 숙제입니다. 그리고 그것의 해결하기 위한 마케팅 방법을 떠올리는 데 집중해야 합니다. 또한 이 과정을 통해서 나의 제품과 가치를 제공하길 원하는 사람들을 골라낼 수 있습니다. 바꿔 말하면 모두를 위한 것은 아무도 위한 것이 아니라는 뜻입니다.

구글의 데이터분석 전략가인 닐 호인은 그의 저서 『컨버티드 : 마음을 훔치는 데이터분석의 기술』에서 말합니다.

"우리가 고객을 통해 돈을 번다면 그 돈이 어디서 왔는지 알고 그 고객이 누구인지 알아야 한다. 기억하라, 모니터 뒤에 사람이 있다."

지금 하는 마케팅의 타깃이 누구인지 페르소나를 만들어 보시기 바랍니다.

## ◈ Action Point

☑ 소비자, 잠재 고객, 고객, 단골, 팬으로 구분할 수 있습니다.

☑ 마케팅은 소비자에서 팬으로 가는 여정을 돕는 것입니다.

☑ 타깃은 좁게 잡아야 합니다. 이후에 확장할 수 있습니다.

☑ 누가 나의 고객인지 페르소나를 만들어 봐야 합니다.

☑ 고객의 고민이 내가 해결해야 할 문제입니다.

# 10

## 세 번째 마케팅블록 해결할 문제
# 왜 사거나 사지 않는가?

### ⊙ 고객이 구매하는 것은 상품이 아니다

고객이 상품을 구매하는 것이 아니라는 말이 선뜻 이해되지 않을 수 있습니다. 특히 오랜 시간 제조업 기업에서 일한 사람이라면 더욱 그럴 수 있습니다. 제조업 기업의 대표자를 만나서 미팅하면 마케팅에 대해 부정적이거나 회의적인 의견을 들을 때가 있습니다. 주로 유통사와 일하는 경우가 많다 보니 직접 마케팅을 해야 할 필요성도 없고 담당 인력이 없는 경우도 비일비재합니다.

소비자를 직접 상대하는 기업보다 상대적으로 마케팅에 대한 이해가 부족하다 보니, 만남을 요청해서 미팅하고 있음에도 제가 마치 '마케팅'이라는 가상의 인물을 변호하는 변호사라도 된 듯한 느낌을 받을 때가 있습니다.

마케팅은 불필요한 돈 쓰는 일이고 상품만 좋으면 알아서 잘 팔린다고 생각하는 사람에게는 고객이 상품을 구매하는 것이 아니라는 말이 마치 궤변(詭辯)이나 말장난처럼 느껴질 수 있습니다. 그래서 오해를 풀고 이해를 돕기 위해 지금부터 고객이 구매하는 것이 무엇인지에 대해 이야기하겠습니다.

오랜 기간 하버드대학교 경영대학원의 교수였던 시어도어 레빗은 그의 저서 『마케팅 상상력』에서 이런 말을 합니다.

> "사람들은 0.25인치의 전동드릴을 원하는 것이 아니라 0.25인치 구멍을 원하는 것이다."

마케팅 업계에서 많이 인용되는 격언 같은 말입니다. 그리고 『끌리는 컨셉 만들기』의 저자 김근배 교수는 이렇게 설명합니다.

> "드릴은 수단이고 구멍은 바라는 결과입니다. 바라는 결과는 제품을 사용하는 목적이라고 할 수 있습니다. 바라는 결과는 시간이나 장소가 바뀌어도 크게 변하지 않습니다. 그러나 충족 수단은 시간과 장소에 따라 크게 변합니다."

요컨대 앞서 제품 이야기에서 말씀드린 것처럼 소비자가 원하는 것은 제품 그 자체가 아니라 제품 구매 후 얻게 될 가치라는 뜻입니다. 시어도어 레빗 교수의 말로 다시 표현하면 '사람들은 물건이 아닌 문제해결의 방법을 산다.'라고 할 수 있습니다.

생산자가 판단하는 상품이 좋다 나쁘다는 기준으로 고객이 구매하는 것이 아닙니다. 상품의 품질 여부가 아닌 상품이 나의 문제, 고민, 욕망 등을 해결해 주는 것인가를 기준으로 구매한다는 뜻입니다.

오랜만에 동창 모임이 생겼습니다. 옷장을 엽니다. 옷장 안에 옷은 가득한데도 불구하고 '입을 옷이 없다'라고 합니다. 우리가 흔히 말하는 '입을 옷'이라는 것은 체온을 유지시켜 주고 외부로부터 몸을 보호를 위한 것을 의미하지 않는다는 건 누구나 알고 있습니다.

여기서 옷이라는 것은 '자존심', '자신감'의 표현 수단입니다. 동창 모임에 나가서 친구들 보기에 '멋지고 예쁜 나'라는 결과를 충족시켜 줄 수단이라는 뜻입니다. 내가 원하는 결과를 충족시켜 줄 만한 수단이 없다는 뜻으로 '입을 옷이 없네'라고 합니다.

만약 '입을 옷이 없네'라고 하는 사람에게 옷의 품질이 좋다고 이야기하는 마케팅이 잘 통할까요? 그보다는 동창회

나갈 때 입으면 친구들의 시선을 한 몸에 사로잡을 수 있는 옷이라고 이야기하는 것이 더 나을 것입니다.

마트나 쇼핑몰을 가도 마찬가지입니다. 산더미처럼 가득 쌓인 비슷비슷한 상품들 앞에서도 '살 게 없네'라고 합니다. 당장 해결해야 할 급한 문제가 없다는 뜻이기도 하고 문제를 해결해 줄 적합한 수단이 없다는 뜻이기도 합니다.

고객이 구매하는 것은 상품이 아니라는 말이 무슨 뜻인지 설명이 되었을까요?

지금 나는 어떤 해결 방법을 마케팅해야 하는지 생각해 보기를 바랍니다.


## ⊙ 거부할 수 없는 제안

1973년에 개봉한 영화 〈대부〉는 총 3편까지 나온 이탈리아 출신 미국의 마피아 가족의 이야기입니다. 프란시스 포드 코폴라 감독의 연출에 말론 브란도, 알 파치노, 로버트 듀발, 다이안 키튼 등 명배우들의 연기가 돋보이는 작품으로 30회 골든 글로브 시상식에서 5관왕을 차지할 만큼 작품성과 흥행 두 마리 토끼를 모두 잡은 작품입니다.

그리고 명대사가 많은 것으로도 유명합니다. 예를 들면 '친구는 가까이 적은 더 가까이해라', '누구도 절대 너의 생각을 알지 못하게 해라', '적들을 미워하지 말라, 판단력이 흐려진다', '입은 닥치고 눈은 크게 떠라' 등이 있습니다. 여러 명대사 중에서도 미국영화연구소AFI가 선정한 100대 미국 영화 명대사 2위에 뽑힌 '내가 그에게 거부할 수 없는 제안을 하지'라는 대사는 지금까지도 여러 분야에서 인용되고 패러디되는 명대사입니다.

마케팅은 소비자를 향한 구애求愛의 과정이면서 새로운 제안의 연속이라고 할 수 있습니다. 경쟁자가 아닌 내가 선택받기 위한 매력과 이유를 계속 보여 줘야 하고 경쟁사와 차별화된 '나만의 거부할 수 없는 제안'을 고객에게 제시할 수 있어야 하기 때문입니다.

고객 관점에서는 내 상품도 좋고 다른 사람 상품도 좋습니다. 품질은 상향 평준화가 되었고 내 상품을 대체할 상품은 얼마든지 있습니다. 또한 품질은 구매 이후 소비자의 눈높이와 문제해결에 어떤 가치를 제공했느냐에 따라 평가됩니다. 따라서 여러 번 강조하는 부분이지만 품질만으로는 소비자에게 선택받기 어려운 게 현실입니다. 좋은 원두를 사용하고 커피 맛이 좋다고 카페가 잘 되는 것은 아닙니다. 커피 맛이 좋아야 하는 건 기본이고 여러 가지 호불호好

不好, 좋음과 좋지 않음가 반영됩니다. 최근에는 카페의 위치, 인테리어, 베이커리, 컨셉을 보고 카페로 놀러 가는 사람이 많습니다. '아니 이렇게 외진 곳에도 카페가 있네'라고 생각할 수 있지만 오히려 그 이유로 일부러 찾아가는 사람도 많습니다.

우리는 소비자의 '왜 당신 상품을 구매해야 하는가?'라는 질문에 답할 수 있어야 합니다. 그리고 그 답을 하기 위해서는 '나만의 거부할 수 없는 제안'이 필요합니다. 나만의 거부할 수 없는 제안을 다른 말로는 독특한 판매 제안USP, unique selling proposition이라고 합니다. 광고 · 마케팅 업계에서는 자주 사용하는 용어로 보통은 USP라고 합니다.

독특한 판매 제안은 1960년대 광고대행사 대표였던 로저 리브스가 그의 저서 『광고의 실체』에서 처음 제시한 개념입니다. 그가 이야기하는 독특한 판매 제안의 3가지 조건을 말씀드립니다.

첫째, 소비자에게 구체적인 제안을 해야 한다.
'이 제품을 사십시오. 그러면 이런 이득을 얻을 것입니다'

둘째, 경쟁사가 아직 내세우지 않았거나 내세울 수 없는 제안을 해야 한다.

브랜드 자체가 독창적일 수도 있고 광고를 통한 주장이 독창적일 수도 있다.

셋째, 수백만 소비자의 마음을 움직일 만큼 강력한 제안을 내세워야 한다.
새로운 고객들이 당신의 제품을 사려 구름처럼 몰려들 정도로 강력한 것이어야 한다.

독특한 판매 제안이라면 '현대카드 디자인', '다이슨 무선 청소기', '쿠팡 새벽 배송' 등이 누구나 한 번쯤 들어 본 사례일 것 같습니다. 독특한 판매 제안을 한 번에 떠올리기란 매우 어려운 일입니다. 현업에서도 마케팅 프로젝트를 함께하는 여러 사람이 모여 오랜 시간 이야기하며 독특한 판매 제안을 만들어 냅니다.

로저 리브스가 이야기하는 3가지 상황별 독특한 판매 제안 전략을 알려드립니다. 다른 사람이 아닌 나만이 제공할 수 있는 것은 무엇인가를 염두에 두고 생각해 보시길 바랍니다.

전제 1 : 경쟁사 제품과 차별점이 뚜렷한 경우

: 제품 안에서 독특한 판매 제안을 발견하는 것

전제 2 : 경쟁사 제품과 비슷한 경우

: 제품을 바꾸거나 개량할 것

– 하나의 독특한 판매 제안을 전문적으로 개발하여 제품에 투입

– 생산자와 소비자 모두에게 이득

전제 3 : 제품에 변화를 줄 수 없는 경우

: 대중에게 그 전에 알려진 적이 없는 제품의 장점을 이야기할 것

독특한 판매 제안은 경쟁사 제품과 차별화를 만들어 내는 것이라고 할 수 있습니다. 차별화는 마케팅과 브랜딩의 핵심 요소 중 하나입니다. 소비자의 '왜 당신 상품을 구매해야 하는가?'라는 대한 질문은, 바꿔 말하면 '어떻게 차별화할 것인가?'라는 우리 스스로 던지는 질문과도 같습니다.

이 책의 뒤에서 좀 더 이야기하겠지만, 한 가지 방법을 말씀드리면 독특한 판매 제안은 결국 잠재고객의 문제, 고민, 욕망, 감정의 해결책이 되어야 합니다. 따라서 내 상품이 다른 상품과 달리 고객의 어떤 문제를 해결해 줄 수 있는가를 리스트로 정리해 보시길 바랍니다.

기능, 스펙뿐만 아니라 포장, 전달 방법, 광고나 마케팅 메시지 등에서 경쟁상품과 달라야 합니다. 내 상품뿐만 아니라 경쟁상품까지 고객이 어떻게 사용하고 있는지와 후기를 관찰하며 힌트를 얻을 수도 있습니다.

## ☞ 문제는 가격이 아니다

지금 내 상품이 생각만큼 잘 팔리지 않는다면 무엇부터 하실 건가요?

상품의 리뉴얼<sub>핵심은 유지하되 기존 것을 새롭게 전면적으로 개선하는 것</sub>을 할 수도 있지만 광고나 마케팅을 확대할 수도 있고, 할인 행사, 다양한 이벤트를 할 수도 있습니다.

아마도 이런 여러 가지 방법 중에서 누구나 가장 쉽게 떠올리는 것이 '가격할인'일 것입니다. 판매가 부진할 때는 누구나 한 번쯤 '가격이 비싸서 안 팔리는 건가?' 하는 생각을 하기 쉽습니다. 그래서 할인, 무료라는 강력한 마법의 키워드를 사람을 모으는 데 활용할 때가 많습니다. 예를 들면 시즈널 이슈seasonal issue를 활용한 가격 할인 이벤트를 하거나 1+1 행사 또는 출시할 때부터 일정기간 할인된 가격으로 판매하기도 합니다.

그런데 문제는 가격을 할인했음에도 불구하고 상품이나 서비스가 여전히 안 팔릴 때가 있다는 것입니다. 더 이상 가격을 낮추는 것은 오히려 손해가 되는 일이라 판매하는 의미가 없게 됩니다. 더 큰 문제는 소비자도 할인가에 구매하는 것이 익숙해지므로 다시 정상가에는 판매가 되지 않는 패턴이 생길 수 있습니다.

물론 의도적으로 소비자들의 경험을 확대하고 입소문이나 인지도를 높이는 목적에서 가격 할인을 이벤트로 만들기도 합니다. 다만 이 경우는 상품이 안 팔리고 있어서의 고민이 아니므로 제외하고 이야기하겠습니다.

그런데 소비자는 어떤 기준으로 가격이 '싸다 비싸다'라고 하는 걸까요? 경쟁상품과 가격을 비교해서라고 생각할 수 있지만, 사실 우리가 어떤 상품을 싸다 비싸다고 판단하는 것은 과거의 비슷한 상품의 구매 후 이용 경험을 기준으로 삼는 경우가 많습니다. 그리고 그 경험이 나의 욕망이나 문제해결에 어떤 가치를 제공했느냐에 따라 가격을 판단하는 기준이 달라집니다.

예를 들면 당장 집에 들어가야 하는 상황에서 도어락이나 문고리가 고장이 났다고 생각해 보겠습니다. 급해 죽겠는데 뭐가 문제인지도 모르고 필요한 도구도 없으면서 돈을 아낀다는 이유로 혼자 해결하려고 할까요? 아니면 일찍 도착할 수 있는 열쇠 수리공부터 찾을까요? 과거에 잘 사용하던 상품이 오래돼서 더 이상 못 쓰게 되었을 때, 우리가 가장 먼저 찾는 상품은 기존에 사용하던 상품일까요? 아니면 한 번도 사용해 본 적 없는 상품일까요? 설사 기존에 사용하던 상품의 가격이 올랐더라도 우선 그 상품부터 구매할지 말지를 고민합니다.

결국 가격이 비싸다 싸다의 판단기준은 소비자의 욕망이나 문제의 크기와 그것의 해결 수준과 연관된 것입니다. 바꿔 말하면 상품의 품질이 일정 수준 이상이라면 그것을 어떤 방법으로, 어떤 상황에서, 누구에게 제공하느냐에 따라 가격은 얼마든지 다르게 판매될 수 있다는 이야기입니다.

결론적으로 상품이 잘 팔리지 않는 것은 가격이 비싸서가 아니고 소비자에게 상품의 가치를 제대로 전달하고 있지 못하기 때문입니다.

혹시 소비자가 돈이 없기 때문이라고 생각하는 사람이 있을 수도 있습니다. 최근 어려워진 경제 상황 때문이라고 생각할 수도 있습니다. 하지만 이것은 내 상품이 팔리지 않는 이유를 쉽게 이해하기 위한 핑계에 불과합니다. 내 상품이 안 팔리는 이유는 소비자가 돈이 없어서도 아니고 경제 상황 때문이 아닙니다. 그렇게 생각해서는 결코 경쟁상품이 잘 팔리는 이유를 알 수도 없고 내 상품이 안 팔리는 문제를 해결할 수가 없습니다. 고가의 명품 가방이나 한정판 상품, 해외여행, 비싼 취미 등이 단지 사람들의 과시욕이나 유행, 경제 관념이 부족해서라고 생각하면 안 됩니다. 만약 내가 투자할 가치를 느낄 때 고가의 상품에 돈을 사용하는 것이고, 반대로 모든 상품이 저렴한 1,000원 샵에서도 내가 가치를 느끼지 못한다면 아주 적은 돈도 사용하지 않습니다.

소비자는 자기 자신에게만 관심이 있습니다. 그 관심은 이 상품이 내게 어떤 이득이 될 것인가입니다. 요컨대 내 상품이 팔리지 않는 이유는 가격이 아니라 소비자가 그 정도의 가치를 느끼지 못하기 때문이라는 뜻입니다.

콘텐츠 기획자 박주훈은 그의 저서 『나의 첫 마케팅 수업』에서 다음과 같이 얘기합니다.

"마케팅의 성패는 경쟁사보다 더 좋은 제품과 서비스를 제공하는 것이 아니라 경쟁사와는 다른 가치를 고객에게 제공하는 일에 달렸다."

그렇다면 가격을 낮추기만 할 수도 없고 어떻게 해야 내 상품의 가격을 높이고도 잘 판매할 수 있을까요? 무라마츠 다츠오의 『고객의 80%는 비싸도 구매한다』에서 소개하는 상품의 가격을 높이는 방법 중 몇 가지를 소개해드립니다.

첫째, 상품 관련 에피소드를 가미加味한다
상품 개발 과정의 비화, 땀과 노력, 에피소드를 가미한
다. 인간적인 면을 내세운다.

둘째, 한정으로 소비자의 구매욕을 자극한다
인원, 기간 등 수량을 제한하면 그만큼 가치가 높아진
다. '자기만 받을 수 있는 상품'이라는 가치를 활용할 수
있다.

셋째, 소비자가 깨닫지 못한 잠재적 욕구 파악하기
고객이 무엇을 원하는지를 명확히 짚어 주어 새로운 수
요를 발생시킨다. 상품을 판매한다는 생각보다 고객의
잠재적인 욕구를 끌어내는 것에 초점을 맞춘다.

가와카미 데쓰야의 『안 팔려서 답답할 때 읽는 판매의 기
술』에서는 셀링 포인트, 시간, 장소, 타깃, 가격, 방식, 목적
등 6가지를 바꿔서 안 팔리던 상품을 판매하는 방법을 소개
하고 있습니다. 대한민국 1호 관점 디자이너이며 『관점을
디자인하라』의 저자 박용후는 "당신이 집중해서 바라보아야
할 곳은 경쟁사가 아니라 고객이며, 고객의 짜증에서 답을
얻어야 한다."라고 했습니다.

앞서 이야기했듯이 소비자는 가격이 싸서 사고 비싸서 안 사는 것이 아니라, 자신에게 가치가 있고 없고를 기준으로 싸다 비싸다고 판단합니다. 그러니 마케팅에서 집중해야 할 부분은 소비자가 잘 알지 못하고 있는 우리 제품의 가치를 어떻게 보여 줄 것인가 하는 점입니다.

소비자가 내 상품에서 '어머 이건 꼭 사야해!'라고 느낄 수 있는 부분이 무엇인지 찾아보시길 바랍니다.

◈ **Action Point**

☑ 사람들이 구매하는 문제해결 방법을 만들어야 합니다.

☑ 구매 후의 가치를 이야기해야 판매할 수 있습니다.

☑ '왜 당신 상품을 구매해야 하는가?'라는 질문에 독특한 판매 제안으로 답을 해야 합니다.

☑ 돈을 내고 구매할 만한 가치를 높여야 합니다.

☑ 내 상품에서 '이건 꼭 사야해!'라고 할 만한 차별화를 만들어야 합니다.

# 11

네 번째 마케팅블록목적과 목표
# 무엇을 원하는가? 몇 명이 대상인가?

## ⊙ 마케팅 목적과 목표

마케팅의 목적에 대해 국내외 마케팅 전문가의 다양한 정의와 해석이 있지만 제가 생각하는 마케팅의 목적은 '나의 잠재고객이 원하는 것이 무엇인가?'에 대한 답이라고 생각합니다. 그리고 마케팅의 목표는 '몇 명의 잠재고객이 대상인가?'에 대한 답이라고 생각합니다.

예를 들면 화장실에서 사용하는 물건은 많지만, 상대적으로 수납공간은 작은 경우가 많습니다. 수건, 화장지, 샴푸, 린스, 바디워시, 치약, 칫솔 외에도 다양한 헤어나 목욕용품과 도구를 사용합니다. 그러다 보니 세면대 위에 올려 두거나, 수납장 위에 올리거나, 바닥에 두는 경우도 생깁니다.

이 경우 소비자가 원하는 것은 좁은 화장실의 수납 문제를 해결하고 싶고 정리가 안 돼서 복잡하고 지저분해 보이는 공간을 좀 더 깔끔하게 만들고 싶다는 것입니다. 더 나아가 잘 정리된 생활을 통해 심리적 안정감과 손님이 왔을 때도 민망하지 않다는 감정을 해결하고 싶을 수 있습니다.

이런 소비자의 문제를 해결하기 위해 나온 상품이 화장실 모퉁이에 간단히 설치할 수 있는 기둥식 선반 같은 상품입니다. 그리고 광고나 마케팅 메시지는 나의 상품이 소비자가 해결하길 원하는 문제, 고민을 어떻게 쉽고 간편하게 해결할 수 있고, 구매 후 소비자의 생활과 감정이 지금보다 어떻게 좋아지는지를 이야기합니다. 그 결과는 상품의 구매로 이어지는 것이고 구매 후 문제해결의 가치와 경험의 만족도가 높을수록 입소문과 추천이 발생하고 더 많은 매출로 이어지게 됩니다.

다시 말해 마케팅의 목적은 나의 잠재고객이 원하는 것이 무엇인지를 파악하고 그것의 해결책을 다른 경쟁자와 다른 방법으로 제공함으로써 잠재고객의 문제, 고민, 욕망을 해결하는 것이라고 할 수 있습니다.

그렇다면 마케팅 목표는 무엇일까요? 저는 마케팅 목표는 위에서 이야기한 마케팅 목적을 달성할 대상이 몇 명인가를 예상 수치數値로 표현한 것으로 생각합니다. 현실적으로 마케팅의 결과는 수치로 표현할 수 있어야 합니다. 매출, 수익, 노출, 방문자, 가입자, 구매, 인지도, 타깃, 점유율, 수익율 등 광고와 마케팅에서 사용되는 모든 지표는 수치로 표현됩니다. 이것을 포함하는 더 큰 표현이 데이터입니다.

그리고 모든 수치는 결국 마케팅의 대상인 사람으로 대신할 수 있습니다. 예를 들면 위에서 표현된 지표는 다르게 바꿔 말할 수 있습니다. 몇 명이 샀나, 몇 명이 봤나, 몇 명이 왔나, 몇 명이 알고 있나, 몇 명이 가입했나 등입니다. 좀 더 간단하고 쉽게 표현하고자 용어와 지표를 만들었지만, 마케팅을 잘 모르거나 처음 시작하는 사람에게는 오히려 각각의 광고, 마케팅 지표가 무엇을 의미하는지부터 해석해야 하는 숙제를 만들기도 합니다.

요컨대 마케팅의 목적과 목표는 서로 떼려야 뗄 수 없는 관계이고 목적은 잠재고객이 원하는 것을 해결하는 것이고 목표는 몇 명의 잠재고객을 대상으로 할 것인가라고 할 수 있습니다. 그리고 목적과 목표를 달성하는 과정에서 나의 잠재고객을 잘 모으고 있는지, 고객으로 전환은 잘 되고 있는지 등을 확인하며 그것에 적합한 전략과 전술을 세우고 실행할 수 있습니다.

혹시 마케팅의 목적이 돈을 많이 버는 것이다라고 생각한다면, 어떻게 나에게 돈을 줄 수 있게 만들 것인가라는 문제를 해결해야 합니다. 그러니 당연히 마케팅으로 돈을 많이 벌고 싶다면 내가 먼저 고객의 문제를 해결해야 한다는 뜻입니다.

## ⊙ 나의 팬fan은 누구인가

내가 마케팅하는 상품 또는 브랜드의 팬이 있나요? 있다면 그 팬은 누구인가요?

일반적으로 팬이라고 하면 특정한 사람이나 사물에 대해 동경하고 열광적으로 좋아하는 사람을 의미합니다. 예를 들면 BTS의 '아미', 임영웅의 '영웅시대'와 같은 특정한 사람을 좋아하는 팬이 있고 애플, 나이키와 같은 특정한 브랜드나 제품을 좋아하는 사람도 있습니다.

팻 플린은 6,500만 다운로드 수를 기록한 비즈니스 분야 1위 팟캐스트 '스마트 패시브 인컴Smart Passive Income, SPI'의 진행자이자, 동명의 블로그를 함께 운영하는 온라인 사업가입니다. 그는 '슈퍼팬'에 대해서 이렇게 이야기합니다.

"팬은 중요하다. 하지만 슈퍼팬은 기업의 전부다. 모두가 무언가에 대한 팬이다. 하지만 슈퍼팬은 일반 팬이 아니다. 타인이 보기에는 '뻘짓ridiculous'을 하는 것도 마다하지 않는 것이 바로 슈퍼팬이다."

그가 말하는 슈퍼팬이란 팬 중의 팬으로 "당신이 무슨 제안을 하든 두 팔 벌려 환영하고, 당신이 어떤 제품을 내놓든 선뜻 지갑을 열어 구매한다. 당신의 구독자, 단골, 광팬임을 자랑스러워하는 동시에, 당신과 당신 브랜드의 가치를 다른 사람에게 자발적으로 홍보한다."라고 했습니다. 앞서 고객을 5가지소비자, 잠재고객, 고객, 단골, 팬로 구분했듯이 소비자에서 고객으로 가는 마지막 단계는 바로 '팬'입니다. 나의 상품과 브랜드에 열광하고 지지하는 팬이 많다면 그 비즈니스는 기존과 다른 차원의 세계에 도착한 셈입니다. 그리고 이렇게 소비자에서 팬이 되는 여정을 만드는 것이 바로 마케팅의 목적이라고 할 수 있습니다. 소비자의 고민과 문제, 욕망을 해결하여 고객이 되고 지속적인 관계와 일관된 모습을 유지하며 브랜드의 신뢰를 높여 마침내 팬이 되는 것입니다.

예능 프로그램에서 기혼자에게 가장 자주 묻는 말 중 하나는 "결혼하면 뭐가 좋아요?"입니다. 그리고 항상 빠짐없이 나오는 대답은 "내 편이 생겨서 좋아요."입니다. 브랜드와 팬의 관계도 마찬가지입니다. 처음 만나 소개하고 알아 가고 믿어 주고 마침내 내 편이 되어 주는 것이, 마치 연애에서 결혼까지 가는 과정과 비슷합니다.

　마케팅의 최종 목적지에는 팬이라는 내 편이 있다는 것을
잊지 말고 일관성 있는 모습으로 그곳을 향해 가는 노력을
지속해야 합니다. 그것이 결국 마케팅의 목적과 목표를 모
두 이루는 길입니다.

◈ **Action Point**

☑ 나의 잠재고객이 원하는 것이 무엇인가?에 대한 답이 마케팅의 목적입
　니다.

☑ 마케팅의 목표는 '몇 명에게' 목적을 달성할 수 있는가입니다.

☑ 마케팅의 모든 활동은 수치로 표현될 수 있어야 합니다.

☑ 한 번 구매하고 끝나는 고객이 아닌 팬으로 가는 길을 만들어야 합니다.

☑ 팬이 있다면, 슈퍼팬이 있다면 마케팅 목적과 목표를 달성한 것입니다.

# 12

## 다섯 번째 마케팅블록 전략과 전술
## 뭣이 중헌디? 근데 어쩌라고?

### ⊙ 서울에서 부산 가기

마케팅 전략과 전술이라고 하면 그 차이가 무엇인지 헷갈리는 사람이 많습니다. 두 개를 혼용해서 같은 의미로 사용하는 때도 있습니다. 하지만 마케팅 전략과 전술은 큰 차이가 있고 두 가지를 서로 구분하는 것은 매우 중요합니다.

우선 마케팅 전략과 전술의 차이를 구분하는 가장 쉬운 방법 한 가지를 알려드립니다.

우리가 보통 이야기할 때 중요한 이야기를 먼저 합니다. 상대적으로 덜 중요한 것은 중요한 이야기 다음에 합니다. 전략과 전술도 마찬가지입니다. 말 그대로 먼저 이야기하는 전략이 더 중요하고 큰 개념입니다. 다음에 이야기하는 전술이 작은 개념입니다. 즉 전략은 마케팅의 큰 그림을 그리는 것으로 방향을 의미하고 전술은 전략을 실행하려는 방법들을 의미합니다.

예를 들어 비즈니스 목적으로 2명이 서울에서 부산으로 간다고 할 때, 부산에 일찍 도착하는 것이 중요한 조건이고 예산이 충분하다면 김포공항에서 비행기를 타고 가는 것이 전략입니다. 김포공항까지는 어떻게 갈지, 어떤 항공사를 이용할지, 김해공항에 도착해서 약속 장소까지는 어떻게 갈지 등을 결정하는 것이 전술이라고 할 수 있습니다.

앞으로 마케팅 전략과 전술의 차이를 이야기할 때 앞에 나오는 전략이 더 중요한 큰 그림 뒤에 나오는 전술이 큰 그림을 그리는 방법이라고 기억하시면 서로 헷갈리지는 않으실 겁니다.

## ☞ 전략과 전술의 차이를 모르면 생기는 문제

전략과 전술을 구분하고 이해하는 것은 마케팅 계획을 세우고 실행할 때 중요한 일입니다. 전략이 없는 전술은 있을 수 없습니다. 또 마찬가지로 전략을 실행하기 위해서는 전술이 필요합니다. 전략이 상위개념이고 전술이 전략의 하위

개념이지만 그 두 가지 모두 알아야 마케팅을 실행할 수 있습니다. 전략을 모른다면 목적이나 목표가 무엇인지, 왜 하는 것인지를 모르는 것과 마찬가지입니다. 전술을 모른다면 할 일이 무엇이지, 어떻게 해야 하는지를 모르는 것과 마찬가지입니다.

만약 마케팅 회의를 한다고 할 때 큰 그림의 전략과 상황 분석만 이야기하고 정작 그 전략을 실행할 방법을 모르고 하지도 않는다면, 아무리 좋은 전략이라도 뜬구름 잡는 화려한 말 잔치로 끝날 뿐입니다. 반대로 전략은 없고 전술만 이야기한다면 여행지는 결정하지도 않고 여행용 가방은 어떤 브랜드가 왜 좋은지를 따지고 있는 것과 다르지 않습니다.

새로 론칭하는 화장품 브랜드의 론칭 캠페인 전략을 이야기하기 위한 미팅에서 있었던 일입니다. 그 회사의 대표자와 마케팅 담당자에게 캠페인 전략을 제안하기 위해 몇 가지 알아야 할 질문을 먼저 드렸습니다. 예를 들면 브랜드와 제품의 차별화 포인트와 고객이 구매해야 할 이유는 무엇인지, 캠페인의 목적과 목표는 무엇인지, 잠재고객은 누구인지, 경쟁사는 어디인지와 같은 질문이었습니다.

그런데 돌아오는 대답은 제가 물었던 질문의 답이 아니었습니다. 그것보다는 브랜드 홈페이지와 스마트 스토어는 어떻게 만들 것인지, 블로그와 인스타그램 콘텐츠는 어떻게 촬영하고 만들 것인지, 체험단은 어떻게 모집하고 진행할 수 있는지와 같은 것이었습니다. 누가 고객인지도 명확하지 않고 마케팅 목적이나 목표도 모르고 전략도 없는데 제대로 된 구체적인 방법이 먼저 실행될 수 없습니다.

결국 브랜드의 컨셉을 정리하는 것과 몇 건의 콘텐츠를 제작하는 정도에서 일을 마무리하였고 더는 함께하지 않았습니다. 그 회사의 대표자는 본인 스스로 이미 전략을 잘 알고 있으니 그것을 실행할 사람만 있으면 된다고 생각했던 것입니다.

그런데 문제는 그 대표자가 전략과 전술을 구분하지 못하고 있다는 것입니다. 본인이 전략이라고 생각하고 있는 것은 전술 중에서도 마지막에 결정되어야 할 우선순위가 낮은 것입니다. 전략과 전술을 구분하지 못하기 때문에 문제가 생기면 원인이 무엇이고 어느 단계에서 발생하였는지를 전략과 전술에서 점검해야 함에도 계속 방법과 사람만 바꾸면서 반복되는 실수를 합니다. 결국 대표자의 유명세를 기반으로 시작한 그 회사는 론칭 후 채 2년이 지나지 않아 시장에 제대로 자리 잡지 못하고 소리 소문 없이 사라졌습니다.

대표자가 전략과 전술의 차이를 구분하지 못하면 전체적인 마케팅 계획과 실행에서 혼란과 문제가 발생할 수 있습니다. 적어도 두 가지의 차이는 확실히 구분 지을 수 있어야

합니다. 그리고 '아는 것'과 '안다고 생각하는 것'의 차이도
구별할 수 있어야 합니다.


## ⊙ 마케팅 전략과 전술의 차이

출간된 지 20년이 넘었지만, 여전히 마케팅과 브랜딩 분
야의 베스트셀러로 손꼽히는 『브랜딩 불변의 법칙』의 저자
알 리스는 전략과 전술의 차이를 이렇게 설명합니다.

> "비즈니스에는 전략과 전술이 있으며, 전략이야말로 어
> 떤 상황에서도 변하지 않는다. 반면 전술은 변하는 환경
> 에 따라 함께 변해야 하는 것이다. 전략이 전술보다 훨
> 씬 중요하다고 볼 수 있다. 훌륭한 전략 없이는 아무리
> 전술이 우수하더라도 마케팅 전쟁터에서 살아남을 수
> 없을 것이다. 하지만 전략이 훌륭하면 평범한 전술로도
> 얼마든지 성공할 수 있다."

기존 독자들로부터 높은 입소문을 만들며 최근 재출간된
『1페이지 마케팅 플랜』의 저자 앨런 딥은 전략과 전술의 차
이점을 집을 짓는 과정에 비유하며 설명합니다.

"집을 지으려고 한다고 상상해 보자. 벽돌부터 한가득 주문한 뒤 쌓기 시작할 것인가? 당연히 아닐 것이다. 우선 건축업자와 설계사를 고용하면 건축 허가받는 것 등 큰일에서부터 원하는 수도꼭지 부품에 이르기까지 모든 것을 계획해 준다. 이 모든 것을 계획하기 전까지는 흙한 삽도 옮기지 않는다. 이것이 전략이다. 이제 벽돌공, 목수, 배관공, 전기기사 등을 고용하면 된다. 이것이 전술이다."

저는 전략은 '일의 우선순위와 순서를 정하는 것'이라고 생각하고 전술은 '주어진 조건에서 목표를 달성하는 방법'이라고 생각합니다. 제가 생각하는 전략과 전술을 한마디로 표현한다면 전략은 '뭣이 중헌디'이고 전술은 '근데 어쩌라고'입니다.

이제 전략과 전술의 차이가 무엇인지, 그 개념은 어떤 것인지를 충분히 이해했으리라 생각합니다. 그렇다면 마케팅 전략과 전술의 구체적인 예를 살펴보겠습니다.

## ☞ 큰 그림과 실행방법

일반적으로 '마케팅'이라고 하면 많은 경우가 '마케팅 전술'을 먼저 떠올리는 것을 볼 수 있습니다. 예를 들면 블로그 마케팅, 인스타그램 마케팅, 체험단 마케팅, 입소문 마케팅과 같은 것입니다. 또는 인스타그램, 블로그, 유튜브와 같은 마케팅에 활용하는 소셜미디어 등을 그 자체로 마케팅 전략이라고 생각하는 예도 있습니다.

'블로그를 운영한다', '노출을 많이 시킨다' 등은 마케팅 전략이 아닙니다. 다시 한 번 강조하자면 마케팅 전략은 '큰 그림' 즉 '마케팅으로 이루어야 할 목적, 목표 그리고 왜 마케팅하는 것인가?'에 대한 답이고 마케팅 전술은 '마케팅 전략을 수행하기 위해 무엇을 어떻게 할 것인가?'입니다.

따라서 블로그나 인스타그램을 운영한다는 것은 전략이 아닌 마케팅 전술에 해당하는 것이고, 블로그나 인스타그램을 왜 운영하는가가 마케팅 전략에 해당하는 것입니다. 마케팅 전략에 따라 블로그나 인스타그램을 운영하지 않거나 그 대신 다른 방법으로 바뀔 수도 있는 것입니다.

우선 마케팅의 전략, 즉 '뭣이 중헌디'를 결정하고 그 후에 전략을 수행하기 위한 '근데 어쩌라고'를 결정해야 합니다.

세계적인 경영 컨설턴트 오마에 겐이치가 그의 저서 『제

로 투 원 발상법』에서 이야기하는 전략을 세울 때 가장 중요
한 것이 무엇인지 소개해 드립니다.

"전략을 세울 때 가장 중요한 것은 문제점과 목표를 올
바로 설정하는 것이다. 전략적 자유도를 확보하기 위해
서는 어떤 물음이 유효할까?
'사용자가 원하는 것은 무엇인가?'
'우리는 그것을 충분히 제공하고 있는가?'
'사용자가 만족하지 않는 부분의 원인은 무엇인가?'
'그것을 해결하기 위해선 어떤 방법이 있는가?'
이와 같은 물음을 통해서 문제점과 목표를 설정하는 것
이 중요하다."

보습 효과가 좋은 남성용 올인원 화장품다른 상품으로 대체해
서 생각해 보세요을 론칭할 계획이고 론칭 초기에 당장 판매보
다는 많은구체적인 수치 잠재고객이 상품을 체험하고 좋은 후
기와 입소문을 만들기로 했다고 가정하겠습니다. 간략히 마
케팅 전략과 전술을 정리하는 순서를 이야기하겠습니다.
가장 먼저는 시장조사입니다. 시장 규모는 얼마나 큰지얼
마나 많은 돈이 오가는지, 시장은 어떻게 나뉘어 있는지가격대, 용량,
브랜드 등, 소비자는 어떤 사람인지바이어 페르소나, 어떤 상품이

있는지경쟁사, 브랜드, 어디서 어떤 순서와 방법으로 상품을 구매하는지 등을 조사하는 것입니다.

그다음은 전체 시장에서 우리 상품은 어떤 영역을 목표로 하는지, 누구를 잠재고객으로 할 것인지저가, 대용량, 운동, 남자대학생 등를 결정합니다. 위에서 이야기한 고객이 누구인지 부분이 포함됩니다.

마지막으로 온라인과 오프라인 중 어디서 소비자를 만날 것인지, 얼마나 자주 만날 것인지, 무슨 이야기를 할 것인지, 어떤 방법으로 이야기를 할 것인지, 그리고 그 비용과 일정은 어떻게 되는지를 정리하면 기본적인 전략과 전술을 정리할 수 있습니다.

위와 같이 간략하게라도 마케팅 전략과 전술이라도 정리해 보면 일의 우선순위와 순서가 명확해져서 마케팅을 통해 내가 원하는 곳까지 가기 위해 어디로 가야 할지 어떻게 가야 할지가 눈에 보이기 시작할 것입니다.


혹시 지금 하는 마케팅 계획 중 빠진 부분이 있는지를 점검해 보시길 바랍니다.

## ◈ Action Point

☑ 마케팅 전략은 어떤 집을 지을지 큰 그림을 그리는 것입니다.

☑ 마케팅 전술은 큰 그림을 따라 집을 짓는 작업자입니다.

☑ 전략과 전술을 구분하지 못하면 일이 잘못되어도 어디서 잘못되었는지 알 수 없습니다.

☑ 전략을 세울 때는 문제점과 목표를 명확히 해야 합니다.

☑ 시장 조사, 고객 설정, 마케팅 전략과 전술 순서로 정리하면 계획이 됩니다.

# 13

## 여섯 번째 마케팅블록 컨셉과 콘텐츠
## 무엇을 이야기할 것인가?

### ⊙ 컨셉이란

숭실대학교 경영학과 김근배 교수는 그의 저서 『끌리는 컨셉의 법칙』에서 "열등한 제품이 우월한 제품을 이길 수 있지만, 열등한 컨셉은 결코 우월한 컨셉을 이길 수 없다."라며 컨셉의 중요성을 강조했습니다. 또한 "소비자는 컨셉을 구입한다"라며 "즉, 사야 할 이유란 제품이나 서비스가 소비자에게 제공하는 차별화된 가치를 담고 있다."고 했습니다.

우리는 평소에도 '컨셉'이라는 용어를 자주 사용합니다. 방송 컨셉, 의상 컨셉, 모임 컨셉, 식당 컨셉 등 어느 장소, 콘텐츠, 사람 등 가리지 않고 다양하게 사용합니다. 오랜만에 만난 친구의 옷차림새를 보고 "오늘 컨셉이 뭐야?"라고 묻는 것은 자연스러운 인사와 다름없습니다.

그만큼 컨셉이라는 용어는 누구나 잘 알고 있고 일상에 녹아 있습니다. 그러면 마케팅에서의 컨셉은 구체적으로 어떤 것이 있을까요?

광고와 마케팅 분야에서는 컨셉에도 여러 종류의 컨셉이 있습니다. 예를 들면 브랜드 컨셉, 상표 컨셉, 제품 컨셉, 크리에이티브 컨셉, 커뮤니케이션 컨셉 등입니다. 그리고 이들은 모두 서로가 밀접하게 연계되어 있습니다. 비즈니스의 목적부터, 비전과 철학, 로고와 메시지, 상품, 제조과정, 광고와 마케팅 활동까지 하나의 일관된 컨셉을 유지합니다.

일반적으로 우리가 '컨셉'이라고 할 때의 컨셉은 '상표와 제품'을 합쳐서 이야기합니다. 그것을 '브랜드 컨셉'이라 합니다. 그리고 우리가 아는 유명한 브랜드는 모두 각자의 고유한 '브랜드 컨셉'이 있습니다.

예를 들면 바디&핸드, 스킨케어 브랜드 이솝Aesop은 '식물성 재료, 효능과 안전성이 입증된 성분만을 사용'한다는 자연주의 컨셉을 가지고 있습니다. 이솝을 구매하는 고객은 의식하지 않아도 동물실험과 화학성분으로 만든 제품 대신 안전한 식물성 원료로 만든 제품을 구매하는 사람이라고 자신을 생각하게 됩니다. 이것이 이솝이 고객에게 전하고 싶은 '브랜드의 이미지와 인식'입니다. 이솝의 제품을 구매하는 사람은 '자연친화적인 사람, 환경과 안전을 중요시하는 사람'으로 인식되게 하는 것이죠.

다른 예로 '파타고니아patagonia'라는 브랜드는 '지구에 책임을 지는 것'이라는 명확한 비즈니스의 목적을 가진 브랜드입니다. 열정적인 등반가였던 창업자의 확고한 환경 보호의 철학으로 탄생한 브랜드답게 100% 유기농으로 만든 면을 소재로 사용합니다. 그뿐만 아니라 자연을 훼손하는 상품의 생산을 중단하거나, 환경 보호의 취지에 맞지 않는 사람에게는 팔지 않는 등의 일관된 브랜드 컨셉을 유지하고 있습니다. 따라서 누구나 파타고니아를 떠올리거나 구매할 때는 파타고니아가 지향하는 컨셉이 무엇인지 알고 그것에 공감하고 동의하기 때문이라고 할 수 있습니다. 위에서 인용한 김근배 교수의 "소비자는 컨셉을 구입한다."가 이와 같은 뜻입니다.

요컨대 컨셉은 간단히 말해서 기업이나 브랜드가 '뭘 하고 싶은 건데?'의 답이라고 할 수 있습니다. 따라서 컨셉을 만든다는 것은 내가 누구이고 무엇을 하고 싶은 것인지를 상품, 상표, 마케팅과 크리에이티브 등으로 표현하는 것이라고 할 수 있습니다.

## ⊙─ 컨셉이 필요해

만약 우리가 알고 있는 브랜드에 컨셉이 없다고 상상해 보겠습니다. 나이키와 아디다스가 어떤 브랜드인지 구분이 잘 될까요? 코카콜라와 펩시, 맥도날드와 버거킹, 신라면과 진라면은 어떨까요? 나중에는 모든 브랜드가 뒤죽박죽 섞여서 소비자는 뭐가 서로 다르다는 것인지를 구분할 수 없게될 것입니다.

컨셉이 중요한 이유는 내가 무엇을 말하고자 하느냐를 명확히 함과 동시에 그것이 내가 누구인지를 정의하고 다른 브랜드와의 차별성을 만들어 주기 때문입니다. 그리고 소비자가 경쟁사의 상품이 아닌 나의 상품을 사는 이유가 되기 때문입니다.

광고 기획자 김동욱은 그의 저서 『결국, 컨셉』에서 "소비자에게 선택받기 위해선 소비자들이 원하는 것, 즉 그 속마음까지 잘 알아야 합니다. 그런 의미에서 컨셉은 소비자와 브랜드를 연결해 주는 다리입니다."라고 컨셉을 설명했습니다.

한국마케팅학회 회장을 역임한 한양대학교 홍성태 교수는 그의 저서 『모든 비즈니스는 브랜딩이다』에서 "마케팅이란 내가 다루는 브랜드의 좋은 '품질'을 소비자에게 '인식'시키는 과정이라고 생각해 보자"라며 "마케팅은 품질이 아니라 인식의 싸움이다."라고 브랜드 컨셉의 중요성을 강조했습니다.

대행사에서 광고와 마케팅 기획할 때 가장 시간이 오래 걸리는 일 중 하나가 바로 '컨셉'을 잡는 일입니다. 때에 따라 생각보다 빨리 결정될 때도 있지만, 보통은 프로젝트를 진행하는 기획팀과 제작팀이 함께 모여 광고주의 제안요청서와 여러 가지 조사 자료를 보며 오랜 시간 여러 번 미팅합니다. 업계 용어로 컨셉을 결정하는 것을 '컨셉을 부러뜨린다'라고 표현하기도 합니다.

컨셉이 잡히지 않으면 이후 뒤따르는 모든 작업을 진행할 수 없습니다. 또한 컨셉이 마음에 안 들면 광고와 마케팅 기획안을 발표 전날이라도 뒤집을 때도 있습니다. 그만큼 컨셉이 중요하고 여러 사람의 생각, 자료, 시간과 노력이 들어갑니다.


이렇게 컨셉을 잡기가 어려운 것은 맞지만 가능한 쉬운 방법으로 아이디어를 떠올리는 방법이 있어 소개해 드립니다.

김근배 교수의 『끌리는 컨셉 만들기』에 소개된 방법으로 고객이나 스스로에게 물을 때 답이 나오지 않으면 다시 '왜'에 대한 답에 '왜'를 5번 묻는 도요타의 '5why'를 사용한 방법입니다.

카카오톡의 컨셉도출을 위한 5why 방법

질문 1 "스마트폰의 본질이 뭘까?"
답변 1 "전화기"
질문 2 "전화기의 본질은 뭘까?"
답변 2 "커뮤니케이션"
질문 3 "커뮤니케이션의 핵심은 뭘까?"
답변 3 "수다"

아는 사람들과 수다 떨고 싶은 바람을 구현한 충족수단
'카카오톡'

한 가지 방법을 더 소개드립니다. 한양대학교 경영대학 홍성태 교수는 그의 저서 『모든 비즈니스는 브랜딩이다』에서 'Why' =〉 'Who' =〉 'What'의 순서대로 생각하면 좋다고 했습니다.

**Why : 고객의 시선에서 업의 본질**
: '우리는 왜 브랜드를 만드는가', '무엇을<sub>어떤 세상</sub>을 만들고 싶은가', '왜 우리여야 하는가'를 정의합니다. 비전, 철학과 연결되는 질문입니다.

ex. 현대 백화점은 '상품 판매업'이 아니라 '생활 제안업'으로 정의했습니다.

## Who : 고객이 누구인가

: '누구를 위한 어떤 사람, 세상을 위한 브랜드인가', '어떤 문제를 해결할 수 있는가' 잠재고객이 누구인지를 명확히 할 수 있습니다.

ex. '볼보 Volvo'를 구매하는 고객은 자신과 가족들의 '안전'을 최우선으로 고려 구매하는 사람입니다.

## What : 콘텐츠 상품, 서비스 등

: '어떤 제품, 서비스를 제공 할 것인가', '무엇을 이야기 할 것인가'. 마케팅 전략과 방향을 결정할 수 있습니다.

ex. '주머니 속의 1,000곡' 스티브 잡스가 MP3 플레이어인 아이팟을 소개할 때 쓴 표현입니다.

위에서 소개한 두 가지 방법의 공통점이 있습니다. 바로 '질문하기'입니다. 컨셉을 잡기 위해서 가장 먼저 필요한 것은 '질문하기'입니다. 상품의 구매와 이용의 결과로 고객이 바라는 것이 무엇일까를 질문해 봐야 합니다. 내부 구성원들의 의견과 아이디어도 좋지만, 마케팅의 대상이 되는 잠재고객에게 꼭 확인해 봐야 합니다. 그것이 직접적인 질문이든 조사를 통해 확인한 결과이든 실제 사용자의 의견을 확인하는 과정이 필요합니다.

2010년 당시 근무하던 회사에서 '새롭게 출시된 워킹화'의 온라인 마케팅의 일부를 담당하게 되었습니다. 건강미 있는 모델 이선진 씨가 모델이었다가 김연아 선수로 모델이 바뀌던 시기였습니다. 당시까지 대중적이지 않았던 워킹화라는 컨셉을 소비자가 관심을 두게 하는 것이 목적이었고 다양한 콘텐츠를 만들어 제품과 컨셉을 알리는 일을 했습니다.

저도 워킹화라는 컨셉이 생소했기 때문에 타깃과 커뮤니케이션 방향에 대해 고민했던 기억이 납니다. '운동화를 신고 걸으면 되는데 굳이 워킹화가 필요할까?'라고 생각하는 사람에게 워킹화의 컨셉을 어떻게 이야기할 것인가가 가장 어려운 숙제였습니다. TV 광고 컨셉에 맞춰 소비자 눈높이에서 일반 운동화가 아닌 워킹화를 신었을 때의 다양한 장점을 보여 주는 영상과 이미지 콘텐츠를 만들었던 기억이 납니다.

다행히도 광고 캠페인 이후 워킹화라는 새로운 카테고리에서 선두주자로 시장에 자리를 잡았고 덕분에 다른 프로젝트도 진행할 수 있었습니다.

앞서 이야기에서 '소비자는 컨셉을 구입한다'고 했습니다. 그렇다면 우리 상품을 구매하는 소비자가 기대하는 이미지는 무엇인지를 스스로 질문하길 바랍니다.


## ⊙─ 마케팅 콘텐츠의 목적

이 책에서 마케팅 콘텐츠라는 것은 마케팅의 목적을 달성하기 위해 활용되는 모든 걸 의미합니다. 영상, 이미지, 글과 같은 다양한 형식부터 TV 광고, 인터넷 광고, 후기, 블로그 포스팅, 기사 등 다양한 미디어에서 활용되는 것까지 모두를 포함합니다.

마케팅 콘텐츠는 분명한 목적이 있습니다. 소비자 구매 행동 패턴에 따라 필요한 행동을 유도 하는 것입니다.

소비자 구매행동 패턴 AISCEAS
1. Attention주의 : 제품, 서비스, 브랜드의 존재 인식
2. Interest흥미 : 제품, 서비스, 브랜드에 관심을 가짐
3. Search검색 : 인터넷 등을 통해 상세 정보를 취득
4. Comparison비교 : 유사 제품, 서비스 특징, 가격, 기

능 등을 비교

5. Examination검토 : 구매 과정, 편리성 등 검토

6. Action구입 : 구매처를 결정하고 구매

7. Share정보공유 : 구매한 제품, 서비스의 경험을 공유

예를 들면 주의와 흥미 단계에서 마케팅 콘텐츠의 목적은 잠재고객의 관심을 끄는 것입니다. 다시 말하면 잠재고객이 주로 활동하는 미디어에 브랜드와 상품의 컨셉, 메시지, 독특한 판매 제안을 담은 콘텐츠를 노출하여 상품을 인지할 수 있게 하는 것이 목적입니다. 가장 쉽게 볼 수 있는 것이 TV나 온라인에서 신제품 출시 광고를 하는 것입니다. 이 단계에서는 진행되는 마케팅 콘텐츠는 단지 보는 것에 그치지 않고 브랜드, 상품명 등을 검색하는 단계로 유도할 수 있어야 하고 그것이 잘 이루어진다면 목적을 잘 달성한 마케팅 콘텐츠라고 할 수 있습니다.

이처럼 단계별로 마케팅 콘텐츠의 목적이 있고 콘텐츠가 목적을 달성할 때 비로소 마케팅 콘텐츠로서의 의미가 있다고 할 수 있습니다.

반대로 어떤 콘텐츠는 그 안에 포함된 로고만 지우면 어느 브랜드인지 알 수가 없는 때도 있습니다. 또한 콘텐츠가 전달하는 메시지가 브랜드, 제품의 컨셉과 동떨어져 있거나

행동을 유도하지 않고 그 자체로만 이슈가 되는 경우도 있습니다. 이 경우는 마케팅 콘텐츠의 역할에 충실하지 못했다고 할 수 있습니다.

마케팅 콘텐츠에 포함된 메시지는 기본적으로 브랜드 또는 제품의 컨셉을 담고 있어야 합니다. 메시지는 글로 표현될 수도 있고 영상이나 이미지로 표현될 수도 있습니다. 어떤 것이든 무엇을 말하고 싶은지가 명확해야 합니다. 마케팅 콘텐츠는 어디에서 전달하느냐에 따라 형식을 다르게 할 수 있습니다. TV라면 영상광고가 될 것이고, 블로그라면 주로 글이 될 것입니다. 같은 메시지를 웹툰으로 만들 수도 있고 필요에 따라 인플루언서와 같이 잠재고객에게 전달력이 높은 다른 사람을 통할 수도 있습니다.

마케팅 콘텐츠를 만드는 방법도 다양합니다. 한 줄의 광고카피copy. 광고의 문안가 될 수도 있고 영상, 글, 이미지로 스토리텔링을 할 수도 있습니다. 따라서 앞서 살펴본 것처럼 소비자의 구매 행동 패턴에 따라 어떤 마케팅 콘텐츠가 더 목적 달성에 적합할지를 판단하여 활용해야 합니다.


광고와 마케팅 콘텐츠를 만들 때 가장 많이 활용하는 한 줄의 광고카피는 어떻게 탄생하는지 소개합니다. 마케터이며 카피라이터인 민재희 작가의 저서 『올 댓 카피』에서 핵심키워드를 도출하고 카피를 쓰는 방법입니다.


○ 아이를 키우는 엄마를 대상으로 베이비 로션 론칭한다고 가정, 컨셉은 '자연주의로션'


## 1. 핵심 키워드 도출

1 브랜드제품 관점의 키워드는 무엇일까?

: 천연 재료, 흰 색, 깨끗한 느낌

2 소비자 중심의 키워드는 무엇일까?

: 엄마들이 많이 사용하는 제품, 국민 로션, 안도감, 불안 심리, 모방감

3 베네핏 그룹에는 어떤 키워드가 있을까?

: 피부 발진으로 부터 안전, 안심, 좋은 엄마


## 2. 카피라이팅

1 브랜드제품

핵심 키워드 〉 뉴질랜드, 유기농, 청정, 순수한, 깨끗한 1위

카피 〉 뉴질랜드에서 만든 유기농 베이비로션


2 소비자

핵심 키워드 〉 엄마의, 모두의, 1%, 선택, 국민 로션, 아토피

카피 > 아토피가 고민이라면?

3 브랜드제품
핵심 키워드 > 좋은 엄마, 피부, 안전한, 안심할 수 있는
카피 > 당신은 좋은 엄마입니다.


만약 지금 하고 있는 마케팅에서 잠재고객이 다음 단계로
의 이동이 잘 되고 있지 않다면 마케팅 콘텐츠가 제대로 역
할을 하고 있는지를 살펴볼 필요가 있습니다. 문제가 있다
면 메시지, 형식, 미디어를 점검하고 마케팅 콘텐츠의 개선
이 필요합니다. 혹시 마케팅 콘텐츠의 주제를 무엇으로 해야
할지 고민이라면 '고객의 문제'에서 시작하기를 바랍니다.
　세계적인 미래학자이며 『파는 것이 인간이다』의 저자 다
니엘 핑크는 "문제의 본질을 살펴보는 이 흥미로운 관점은
세일즈의 새로운 세계에 큰 시사점을 준다. 요즈음 세일즈
와 비판매 세일즈는 예술가처럼 창의적이고 체험적으로 문
제를 찾는 기술에 좀 더 좌우된다."라며 "정보가 어디에나
있는 오늘날에는 앞으로 무슨 일이 일어날지 규명해서 '의
견을 제시하는 힘'이 관건이다. 타인을 움직이는 데 필요한
핵심 속성이 문제의 해결에서 문제의 발견으로 전환되었음
은 여러 방면에 영향을 미쳤다."라고 했습니다.

앞서 이야기했지만, 문제의 답은 고객에게 있습니다. 따라서 고객이 어떤 콘텐츠를 원하는지도 고객에게서 찾아야 합니다. 그리고 그것은 고객의 문제가 무엇인지에서 시작할 수 있습니다. 고객이 해결하고자 하는 문제를 잘 발견하는 것이 우선이고 해결책을 담은 마케팅 콘텐츠를 제공한다면 자연스럽게 우리 브랜드, 상품이 무엇을 제공하는지도 전달할 수 있습니다.

우리 상품의 마케팅 콘텐츠의 목적, 메시지, 미디어를 점검해서 개선할 점이 있는지 살펴보고 특히 고객의 문제와 해결책이 담겨 있는지를 확인하길 바랍니다.

◆ **Action Point**

☑ 소비자는 컨셉을 구매하고 사야 할 이유에는 차별화된 가치를 담아야 합니다.

☑ 내가 누구이고 무엇을 하고 싶은 것인지를 표현하는 것이 컨셉입니다.

☑ 컨셉의 시작은 잠재 고객에게 질문하는 것입니다.

☑ '왜'를 5번 묻는 도요타의 '5why'를 사용해 컨셉 도출을 해봅니다.

☑ 마케팅 콘텐츠의 주제는 고객의 문제에서 시작합니다.

# 14

## 일곱 번째 마케팅블록 예산
## 실행을 위해 필요한 돈은 얼마인가?

### ⊙ 공짜, 무료 마케팅?

아무리 좋은 마케팅 전략과 전술이 있다고 하더라도 그것을 실행할 돈이 없다면 그것 자체로는 의미가 없습니다. 상상을 현실로 만드는 데는 돈이 필요한 게 사실입니다. 마케팅을 무료 또는 공짜로 할 수 있다고 이야기하는 영상을 몇 번 본 적이 있습니다.

예를 들면 입소문 마케팅에 관한 베스트셀러로 손꼽히는 와튼스쿨 마케팅학 교수인 조나 버거의 『컨테이저스 전략적 입소문』이라는 책 내용을 따라 하면 된다는 식의 이야기입니다. 또는 잠재고객에게 영향력이 큰 누군가에게 상품을 보냈는데 그가 스스로 홍보를 해줬다는 경우도 있습니다.

이런 것은 정말 돈 한 푼 없이 공짜로 마케팅했다고 할 수 없습니다. 책 내용을 참고할 수는 있지만 실행에 필요한 아이디어와 콘텐츠를 만드는 시간과 노력 역시 모두 비용에 해당합니다. 또한 내가 직접 하지 않고 직원이 했다고 하더라도 인건비도 비용입니다. 누군가에게 부탁하는 과정과 제공하는 상품 모두 비용입니다.

마케팅을 공짜로 할 수 있는 방법이 있는데도 수많은 기업, 브랜드, 전문가가 그것을 몰라서 지금까지 마케팅에 큰 비용을 사용한다는 이야기는 믿기 힘든 주장입니다. 혹시라도 공짜, 무료 마케팅이 가능하다고 하는 사람이 있다면 저에게도 꼭 소개해 주시기 바랍니다. 다만 그 이야기를 하는 사람이 시간과 돈 한 푼 없이 마케팅 목표를 달성했다는 사례를 증명할 수 있다면 말입니다.

돈 한 푼 없이 마케팅하는 법, 무료로 입소문 마케팅하는 법 등은 그 영상이나 콘텐츠를 만드는 노력과 시간조차도 비용임을 이야기하지 않는 모순矛盾입니다. 마케팅에서 가장 강력한 키워드 중 하나인 '무료', '공짜'를 활용해서 본인의 콘텐츠를 마케팅하고 있다는 것만 맞습니다.

요컨대 마케팅은 비용이 필요합니다.

## ◉⸺ 돈 먼저? 아이디어 먼저?

마케팅 예산을 결정할 때의 가장 자주 하는 고민은 '얼마의 비용이 필요한 것인가?'입니다. 기본적으로는 마케팅의 목표에 근거하여 예산을 결정하는 것이 일반적입니다. 하지만 때로는 마케팅 전략과 전술에 맞춰 예산을 결정하기도 합니다.

예를 들면 연간 1억 원의 예산이 있고 목표를 달성하기 위해 필요한 마케팅 활동이 1억 원보다 더 필요하다고 가정해 보겠습니다. 그러면 1억 원의 예산에 맞춰 마케팅 활동을 줄이거나 활동 기간을 늘이는 등의 조정을 하는 경우가 일반적입니다. 때에 따라 마케팅 전략이나 콘텐츠 아이디어가 너무 좋아서 예산을 추가하는 예도 있습니다. 이는 전략과 콘텐츠에 예산을 맞추는 경우입니다. 이처럼 예산을 조정하는 일은 실무에서 자주 겪는 일이기도 합니다.

그러면 예산에 마케팅 전략과 아이디어를 맞춰야 하는 걸까요? 아니면 마케팅 전략과 아이디어에 예산을 맞춰야 하는 걸까요?

예산에 맞춰 전략과 아이디어를 생각하다 보면 미리 자기검열을 통해 큰 그림의 전략보다는 작은 그림의 전술에 초점을 맞추는 경우가 생깁니다. 이를 가장 조심해야 합니다.

왜냐하면 결국 예산에 전략을 맞췄을 뿐 소비자 관점에서 경쟁사와의 차별성이 희미해지고 아이디어의 날카로움이 무뎌질 수 있기 때문입니다.

따라서 예산에 맞춰 전략과 아이디어를 생각하더라도 우선은 큰 그림의 전략을 생각하고 본질과 핵심을 살려 예산 내에서 실행할 수 있는 아이디어를 생각하는 방법을 추천해 드립니다. 단계를 나누어 한 번에 큰 비용이 들어가지 않도록 하는 방법으로 처음의 전략과 아이디어를 유지할 수도 있습니다. 예산이 확보되면 일정을 변경하여 처음의 전략과 아이디어를 실행합니다.

결론적으로 처음부터 예산에 맞추는 것에 너무 집중하면 전략 자체의 실효성과 아이디어의 매력도 떨어지고 결정권 자를 포함해 누구도 만족하지 못하는 경우가 발생할 수 있습니다. 일부 예산의 범위를 넘더라도 가장 좋은 전략과 아이디어를 유지할 수 있는 노력이 필요합니다.

반대로 예산을 전략과 아이디어에 맞추는 경우는 예산의 범위를 잘 설정하는 것이 중요합니다. 마케팅 예산이 무한대가 아니고서는 아무리 전략과 아이디어가 좋다고 하더라도 실행할 수 있는 한계가 있습니다. 사전에 예산의 범위를 설정하지 않으면 실행 불가능한 전략과 아이디어가 나올 수 있으며 실행하지 못하는 전략과 아이디어 그 자체로는 아무

의미가 없습니다. 그동안의 시간과 노력 역시 의미 없는 일이 되어 버립니다.

그래서 최대 예산 기준의 전략과 아이디어, 현실적으로 가능한 범위의 전략과 아이디어 등 2~3가지의 옵션을 준비하는 것이 좋습니다. 예산은 마케팅의 목표를 기준으로 하고 실행할 전략과 아이디어는 예산의 가용 범위의 최대치보다 더 높은 것과 예산에 맞춘 것 두 가지 이상의 옵션을 준비해서 결정하시기 바랍니다.

예산이 적을수록 전략이나 아이디어가 더 좋다거나 효율적이라는 뜻은 아닙니다. 쓸 수 있는 10,000원에서 1,000원을 아끼려다 나머지 9,000원을 헛되이 사용될 수 있다는 점도 기억해야 합니다.

## ⊙ 결과 측정

마케팅은 측정할 수 있어야 의미가 있습니다. 마케팅 전·후의 결과가 측정되지 않는다면 무엇을 해야 할지 아무도 알 수가 없습니다. 마케팅은 잠재고객을 모으고 돈을 버는 일이라고 했는데 돈을 썼으면 어떤 수익이 얼마나 있었는지를 알아야 합니다. 측정은 기준이 있어야 합니다. 일반적으로 측정의 기준으로 삼는 것이 핵심성과지표KPI, Key Performance Indicator입니다. 마케팅의 전략과 전술의 효율성과 목표 달성 여부를 판단할 수 있는 기준을 말합니다.

예를 들면 마케팅의 목표가 100명의 잠재고객의 확보라고 했을 때, 그것을 확인할 수 있는 홈페이지 회원의 신규 가입이 마케팅을 통해 몇 명이나 발생했는지를 핵심성과지표로 삼을 수 있습니다. 그러면 한 명의 신규 회원을 유치하기 위해 마케팅 비용이 얼마나 사용됐는지를 알 수 있고 이는 마케팅의 효율성을 판단하거나 향후 마케팅 전략을 수립할 때 기준이 됩니다. 이외에도 마케팅의 목적과 목표에 따라 다양한 기준을 핵심성과지표로 정의하고 내부 구성원뿐만 아니라 파트너와도 공유해서 프로젝트에 참여하는 사람 모두 같은 기준을 가지고 진행하고 평가해야 합니다.

마케팅의 결과를 측정하는 것은 마케팅의 전략과 전술을 포함해 전체적인 마케팅의 성공 여부를 판단할 수 있는 근거를 만드는 것이므로 목표를 제대로 판단할 수 있는 기준으로 정의하는 것에 신중해야 합니다. 잘못된 기준은 전체 활동의 결과를 잘못 해석하게 할 수 있기 때문입니다.

◈ **Action Point**

☑ 마케팅은 공짜, 무료가 아닙니다. 돈이 필요합니다.

☑ 예산에 맞춘 전략과 전술이 있고 전략과 전술에 맞춰 예산을 정할 수도 있습니다.

☑ 가용 예산보다 좀 더 큰 기준의 전략과 아이디어를 생각해야 합니다.

☑ 어떤 마케팅 활동을 하든지 측정을 할 수 있어야 합니다.

☑ 어떤 기준으로 마케팅 활동을 평가할 것인지가 중요합니다.

**15**

## 여덟 번째 마케팅블록 미디어
# 어디서 실행할 수 있는가?

### ⊙ 잠재고객은 어디에?

잠재고객이 누구인지 결정했다면 이제는 어디서 만날 수 있는지를 알아야 합니다. 잠재고객과 어디서 만날지를 결정하는 것이 바로 미디어 선정입니다.

예를 들어 20대 대학생 남녀가 잠재고객이라고 가정하고 오프라인에서 그들을 만나려면 강남, 홍대, 신촌 등으로 가야 합니다. 온라인에서는 제품이나 브랜드 키워드에 따라 다를 수 있지만 기본적으로 이용률이 높은 미디어라면 인스타그램, 블로그, 유튜브, 틱톡 등이 될 것입니다.

다른 예로 등산을 즐기는 사람이 잠재고객이라고 가정한다면 오프라인에서는 등산객이 많은 산의 진입로를 가야 할 것이고 온라인에서는 등산동호회 카페를 가야 합니다. 마케팅에서 미디어는 결국 잠재고객을 어디서 만날 것인가와 계획하고 있는 마케팅 전략과 전술을 실행하기에 가장 효율적이고 적합한 곳이 어디인가를 결정하는 것입니다.

미디어를 잘못 선정하면 마치 물고기가 잔뜩 모여 있는 명당자리는 놔두고 지나가는 물고기 한 마리도 없는 곳에 낚싯대를 잔뜩 드리운 채 시간과 미끼만 낭비하고 있는 것과 마찬가지입니다.

반대로 미디어를 잘 선정했다면 상대적으로 적은 비용으로도 큰 성과를 만들어 낼 수 있는 기회도 생깁니다. 만약 그물로 물고기를 잡는다고 가정해 보겠습니다. 돈이 많지 않아서 비록 작은 그물을 샀지만, 물고기가 모여 있는 곳에 제대로 그물을 던질 수 있다면 비용 대비로 큰 성과를 거둘 수 있습니다.

일반적으로는 잠재고객이 결정되면 그에 따라 미디어가 결정됩니다. 때에 따라 상품이 무엇이냐에 따라 미디어가 결정되기도 합니다. 예를 들면 뷰티 제품의 경우 유통 채널로 잠재고객이 모이기 때문에 그곳을 미디어로 선정하는 경우입니다. 샘플을 나눠 주기도 하고 POP를 설치하고 체험을 유도하는 활동 등을 합니다.

미디어 선정에서 필요한 것은 새로운 미디어를 발굴해 낼 수 있느냐 하는 것입니다. 누구나 잘 알고 있는 대형 미디어나 유명한 미디어가 아니더라도, 앞서 그물 낚시의 예처럼 적은 예산으로도 상대적으로 큰 효과를 얻을 수 있는 미디어를 찾는 것입니다. 대형 공연장 가득 모인 사람들에게 아무리 큰 목소리로 떠들고 한 명씩 만나면서 이야기를 나누려 해도 내 이야기를 전달하기란 어려운 일입니다. 하지만 학교 교실의 아이들에게는 큰 목소리를 내지 않더라도 얼마든지 모든 아이에게 이야기를 전달할 수 있습니다. 이처럼 같은 예산을 사용하더라도 미디어를 어떻게 선정하느냐에 따라 마케팅 효과도 달라질 수 있습니다.

마지막으로 콘텐츠와 미디어의 궁합도 중요합니다. 너무나 당연하게도 유튜브에는 미디어와 시청자의 특성을 고려한 영상을 만들어 활용해야 합니다. 그리고 하나의 콘텐츠를 만들었다고 해도 그것을 그대로 모든 미디어에 활용하는 것은 지양해야 합니다. 왜냐하면 각각의 미디어 이용자마다의 특성이 있고 미디어의 컨셉과 방향이 있습니다. 똑같은 방송을 할 수 있더라도 아프리카TV와 유튜브의 성향과 이용자의 반응이 다릅니다.

하나의 콘텐츠에 담긴 목적, 메시지와 같은 핵심은 유지하되 미디어에 맞게 변형을 해서 해당 미디어의 유저들에게 잘 전달되도록 해야 합니다. 이것을 하려면 선정된 미디어와 이용자에 대한 이해가 우선시 되어야 합니다. 쉽게 말하면 낚시터를 가더라도 어떤 물고기가 있는지 낚싯대는 뭘 사용해야 하는지 정도는 아는 것이 기본이라는 말입니다.

◈ **Action Point**

☑ 나의 잠재고객이 다니는 길을 찾아야 합니다.

☑ 비용대비 효과가 큰 미디어를 찾아야 합니다.

☑ 미디어에 적합한 마케팅 활동을 해야 합니다.

☑ 미디어와 궁합이 맞는 마케팅 콘텐츠를 만들어야 합니다.

☑ 미디어에 대한 기본적인 이해가 우선시 되어야 합니다.

**16**

# 아홉 번째 마케팅블록<sup>일정</sup>
# 언제까지 실행할 수 있는가?

### ⊙ 마케팅은 타이밍

여름철에 자주 볼 수 있는 광고와 마케팅 중 하나는 비빔면 광고와 마케팅입니다. 눈이 오는 추운 겨울에 비빔면 광고나 마케팅은 아마 못 보셨을 겁니다. 만약 패션 브랜드를 새롭게 론칭했는데 1년이 지나서 론칭 캠페인을 하는 경우도 못 보셨을 겁니다.

시기가 적절하고 딱 들어맞을 때 쓰는 표현 중 시의적절<sup>時</sup><sup>宜適切</sup>이라는 표현이 있습니다. 마케팅 일정을 결정할 때 꼭 기억해야 하는 말입니다.

그러면 여행 상품은 언제 마케팅을 시작할까요? 네, 바로 휴가철 앞둔 수개월 전입니다. 사전 예약이나 할인 판매 등으로 마케팅의 시작은 휴가철 전에 시작하되 본격적인 휴가철까지 이어서 진행하고 마케팅 활동의 비중을 달리합니다. 왜냐하면 여행 상품의 예약은 이미 휴가철 이전에 이루어지기 때문입니다.

이처럼 잠재고객, 상품에 따라 시의적절한 마케팅 타이밍이 있습니다. 그러므로 마케팅 일정은 할 수 있을 때 하는 것보다, 해야 할 때 하는 것이라는 말이 더 맞는 말입니다. 앞서 마케팅 전략과 전술, 예산 등에 대해 이야기했습니다. 일정은 지금까지 이야기한 모든 것에 영향을 미칠 정도로 중요합니다. 같은 전략, 같은 예산이라도 언제 하느냐에 따라 성과가 달라질 수 있다는 이야기입니다.

양궁 경기에서 10점 만점에 잘 조준을 했다고 하더라도 제한된 시간 내에 화살을 쏘지 못하면 반칙으로 처리됩니다. 마찬가지로 아무리 좋은 전략과 아이디어라도 가장 큰 효과를 낼 수 있는 시기에 실행하지 못한다면 10점 만점을 받을 수 있는 점수가 1점이 될 수도 있다는 뜻입니다.

마케팅 타이밍을 놓치면 유행을 반영한 콘텐츠의 흥미가 떨어질 수도 있고 선정했던 미디어에서 원하는 시기에 콘텐츠를 노출시키지 못할 수도 있습니다. 일정이 너무 촉박하면 전략대로 준비가 안 될 수도 있고 일정이 너무 늦으면 기존의 전략을 크게 수정해야 할 수도 있습니다.

마케팅 일정은 잠재고객, 상품, 시즌 이슈, 예산, 미디어 등을 종합적으로 고려하여 최적의 타이밍을 잡아야 합니다.

## ⊙– 일정의 선택과 집중

일정에서도 선택과 집중이 중요합니다. 한정된 예산을 일정에 따라 어떻게 분배하느냐에 따라 결과도 달라질 수 있기 때문입니다.

신상품을 론칭하는 경우에 사전 마케팅, 본 마케팅, 사후 마케팅 등으로 구분할 수 있습니다. 사전 마케팅의 경우 영화의 예고편을 공개하는 것이나 가수들의 신곡 티저teaser를 공개하며 영화와 노래에 관한 관심과 이야깃거리를 만들어 내는 것이 가장 많이 볼 수 있는 사례입니다. 본 마케팅 이전에 서서히 관심을 끌어올리기 위해, 마치 자동차가 본격적으로 달리기 전에 서서히 시동을 걸고 속도를 높여 가는 것과 같습니다.

본 마케팅은 가장 많은 예산과 가장 많은 마케팅 자원이 사용되는 시기입니다. 이 시기에 집중하지 못하면 기대했던 마케팅 목표를 달성하기 어려워질 수 있습니다. 기대보다 저조한 성과가 나올 수도 있으므로 일일, 주간, 월간 모니터

링이 중요한 시기이고, 모니터링 결과에 따라서는 즉각적으로 미흡한 마케팅 전술, 콘텐츠, 미디어를 대체해야 할 수도 있습니다.

사후 마케팅을 항상 실행하지는 않습니다만, 예를 들어 본 마케팅에서 잠재고객을 대상으로 진행했던 이벤트의 결과를 다시 콘텐츠로 만들어서 활용하는 경우 등이 있습니다. 본 마케팅을 다시 한 번 상기시키는 효과와 새로운 이야깃거리를 만들어 내는 목적이 있습니다.

예산을 어느 때에 얼마의 비중을 투입할지, 어느 때에 어떤 미디어를 활용할지, 콘텐츠는 언제부터 노출해야 할지 등 예산부터 콘텐츠까지 전체적인 전략을 일정표 안에 한 번에 정리할 수 있습니다. 일정표만 봐도 언제 무엇을 얼마나 할지가 눈에 들어오게 만드는 것입니다.


## ☞ 9개의 마케팅블록으로 나만의 마케팅 만들기


9번째 마케팅블록일정을 끝으로 마블시스템마케팅블록 시스템을 구성하는 9개의 마케팅블록을 모두 이야기 해봤습니다.

첫 번째 마케팅블록상품. 제품 : 어떤 가치를 제공할 것인가?

두 번째 마케팅블록<sub>잠재고객</sub> : 누구를 만족시켜 줄 것인가?

두 번째 마케팅블록잠재고객 : 누구를 만족시켜 줄 것인가?

세 번째 마케팅블록해결할 문제 : 왜 사거나 사지 않는가?

네 번째 마케팅블록목적과 목표 : 무엇을 원하는가? 몇 명이 대상인가?

다섯 번째 마케팅블록전략과 전술 : 뭣이 중헌디? 근데 어쩌라고?

여섯 번째 마케팅블록컨셉과 콘텐츠 : 무엇을 이야기할 것인가?

일곱 번째 마케팅블록예산 : 얼마를 쓸 것인가?

여덟 번째 마케팅블록미디어 : 어디서 실행할 수 있는가?

아홉 번째 마케팅블록일정 : 언제까지 실행할 수 있는가?

9개의 마케팅블록을 어떻게 구성하느냐에 따라 나만의 마케팅을 만들 수 있습니다. 때로는 예산의 비중이 높을 수도 있고 전술의 다양함이 중요할 수도 있습니다. 조건과 상황에 따라 구성을 달리 할 수 있습니다.

마케팅블록을 이용해서 마케팅을 구성해 보면 무엇 하나 빠지거나 놓치는 부분 없이 전체 마케팅을 한눈에 볼 수 있다는 장점이 있습니다. 또한 함께 프로젝트를 진행하는 내부 구성원과 파트너와도 같은 용어의 의미를 이해할 수 있어 커뮤니케이션도 편하다는 장점도 있습니다. 기업, 브랜드, 상품, 프로젝트마다 마케팅 전략, 예산, 콘텐츠 등은 모두 다를 수 있습니다. 따라서 마케팅블록을 이용해 그때그때 필요한 구성을 하거나 기존에 잘 진행된 마케팅블록을 다시 활용하는 방법도 좋습니다. 만약 마케팅에 문제가 있다면 어느 마케팅블록을 검토하고 개선해야 하는지도 빠르게 판단하는 데 도움이 됩니다. 실제 레고 브릭을 이용해서 만들어 봐도 좋고 노트에 그림으로 표현하기만 해도 글로 정리하는 것보다 이해를 높일 수 있습니다.

모쪼록 마케팅을 구성하는 요소와 과정을 이해하고 계획을 세우는 데 마블시스템을 잘 활용하시길 바랍니다.

◈ **Action Point**

☑ 마케팅 일정은 시의적절해야 합니다.

☑ 마케팅 일정은 내부, 외부 조건과 환경을 고려하여 최적의 타이밍을 잡아야 합니다.

☑ 일정의 선택과 집중이 중요합니다.

☑ 일반적으로 사전 마케팅과 본 마케팅 2가지 일정으로 진행합니다.

☑ 9개의 마케팅 블록을 그려 보면 이해가 빠릅니다.

# 실전
# 마케팅
# 레벨업

# 17

# 마케팅도
# 습관이다

## ☞ 가장 최근 본 영화의 제목은?

가장 최근에 본 영화의 제목은 무엇인가요? 또는 최근에
본 드라마나 예능의 제목은 무엇인가요? 바로 떠오르는 작
품이나 방송이 한 가지는 있을 겁니다.

질문 하나 더 드립니다.

혹시 가장 최근에 본 마케팅 책이나 마케팅 강의 제목은
무엇인가요? 바로 떠오르는 책이나 강의 제목이 있는지요?

문화체육관광부가 발표한 '2021년 국민 독서실태 조사'
에 따르면 만 19세 이상 성인 중 지난 1년간2020.9~2021.8 종
이책과 전자책, 오디오북을 모두 포함한 1년 평균 독서량은
4.5권이라고 합니다. 이는 2년 전인 2019년 7.5권과 비교

해서 무려 40%나 감소한 수치입니다. 또한 통계청에 따르면 1년 동안 책을 한 권도 안 읽는 사람이 53.1%로 전체 성인의 절반이 넘는다고 합니다.

혹시 여러분은 어디에 속하는지요? 1년에 마케팅 관련 책을 1권 이상 읽는 사람인가요? 아니면 마케팅이 왜 답답한지, 뭐부터 시작해야 하는지 몰라 답답하지만 아무 노력 없이 고민만 하는 사람인가요?

아마 마케팅이 정말 중요하다고 생각하고 절실했다면 분명 어떤 행동이든 취했을 겁니다. 마케팅이 당장 익숙하지 않고 어렵게 느껴진다면 작게 시작해 보길 바랍니다. 하루 10분이라도 매일 마케팅 공부하고 배운 것을 실행해야 합니다.

10분이면 마케팅 관련 글이나 영상 1편을 보기에 충분한 시간입니다. 그것도 매일 다른 것을 볼 수 있을 만큼 온라인에는 무료 자료가 넘쳐 납니다. 또한 10분이면 마케팅 책 한두 페이지를 충분히 볼 수 있는 시간입니다. 10분이면 마케팅 글이나 콘텐츠를 조금이라도 기획하고 만들어 볼 수 있는 시간입니다. 이동 중에도 오디오를 들으며 마케팅을 배울 수도 있습니다.

하루 6시간 운동해도 당장 달라지는 것은 없습니다. 오히려 하루 30분 운동을 매일 열흘 동안 하는 것이 더 큰 효과가 있습니다. 20일 동안 하루 10분만 매일 마케팅을 공부하거나 실행을 한다면 200분이 쌓입니다. 200분은 3시간이 넘습니다. 어떤 마케팅을 배우더라도 충분히 시작할 수 있는 시간입니다. 실행까지도 할 수 있는 시간입니다.

강력한 습관이 자리 잡으려면 약 66일이 걸린다고 합니다. 하루 10분씩만 마케팅 공부를 2개월 해도 마케팅습관을 만들 수 있습니다. 그리고 시간이 갈수록 익숙해지고 이해력이 좋아지기 때문에 더욱 많은 것을 짧은 시간에 할 수 있게 됩니다.

시인이자 문학평론가 존 드라이든은 "처음에는 우리가 습관을 만들지만, 그다음에는 습관이 우리를 만든다."라고 했습니다. 마케팅의 답답함을 풀고 원하는 결과를 만들기 위해서는 하루 10분이라도 마케팅 공부에 투자하는 습관을 만들어야 합니다.

오늘부터 하루 10분 마케팅습관 만들기를 시작하시길 바랍니다.

◈ **Action Point**

☑ 하루 10분 정도부터 가볍게 마케팅을 배우기 시작합니다.

☑ 책, 영상, 오디오 등 가능한 것부터 시작합니다.

☑ 한 번에 많이 하는 것이 아닌 꾸준히 하는 것을 목표로 합니다.

☑ 약 2개월을 꾸준히 하면 습관으로 자리 잡을 수 있습니다.

☑ 오늘부터 시작합니다.

**18**

# 마케팅을 가능한 한
# 빨리 배우는 3가지 방법

## ⊙ 꼼수는 정수로 받는다

우리가 뭔가를 잘하기 위해서는 그것에 재능이 있든 없든 상관없이 상당 기간의 반복된 학습과 경험이 필요합니다. 그리고 그 과정에서 성공보다 실패가 기본이 되는 것이 당연한 일입니다. 지금은 익숙해서 다른 사람으로부터 잘한다는 이야기를 듣는 일도 처음 시작할 때를 생각해 보면 어렵고 힘들었던 기억부터 떠오를 것입니다. 이것은 누구나 예외가 없습니다. 뭔가를 잘한다는 것은 상당 기간 반복과 실패의 경험이 필요하다는 것은 너무나 당연한 이야기입니다.

마케팅도 마찬가지입니다. 마케팅을 지금보다 잘하기 위해서는 우선 배우고 검증하고 개선하는 것을 반복해야 합니다. 또한 잘하기 전까지는 성공보다 실패를 더 많이 경험하게 되는 것도 당연한 이야기입니다.

하지만 이 과정을 건너뛸 수 있다며 얕은 꼼수로 사람들을 현혹하는 광고나 콘텐츠들이 너무 많기도 하고 인기를 끌기도 합니다. 기본기 없이 잘못된 자세로 운동하면 부상을 유발하는 것처럼, 꼼수만을 좇다 보면 결국 부작용이 따라오고 돈과 시간을 손해 본 후 다시 기본기를 찾는 악순환이 반복됩니다. 웹툰 원작의 드라마 '미생'의 대사 중 "꼼수는 정수로 받는다."라는 대사가 있습니다. 꼼수는 째째한 수단이나 방법이라는 뜻입니다.

피터 드러커의 마케팅 정의를 인용하면 "마케팅의 목적은 고객의 마음을 제대로 이해하고, 거기에 맞춰서 제품과 서비스를 제공해서 저절로 팔리게 하는 것이다."라고 하였습니다.

꼼수를 부려서는 원하는 마케팅의 목적을 이룰 수 없는 것이 당연합니다. 왜냐하면 소비자가 꼼수인지 아닌지 모를 리가 없기 때문입니다.

## ⊙– 마케팅을 가능한 한 빨리 배우는 3가지 방법

첫 번째 방법은 '제품이 아닌 고객에 초점을 맞추는 것'입니다.

어떤 광고나 마케팅이든지 기본적으로 '고객에게 이야기를 전달하거나 고객과 이야기를 나눈다'라는 것에서 변함은 없습니다. 따라서 고객에게 이야기를 전달하거나 고객과 이야기를 나누기 위한 이야깃거리와 장소가 필요합니다.

여기서 이야깃거리란 글, 이미지, 영상, 전단, 현수막 등의 온라인, 오프라인의 모든 광고와 마케팅 콘텐츠를 의미합니다. 장소란 네이버, 구글 블로그, 인스타그램, 유튜브 등의 온라인 미디어와 TV, 라디오, 신문, 잡지, 옥외 광고 등의 모든 오프라인 미디어를 이야기합니다.

고객에게 초점을 맞춘다는 것의 의미는 누가 내 잠재고객인지를 정의하고 난 후 그 고객에게 내 메시지를 가장 효율적으로 전달할 수 있는 콘텐츠와 미디어를 선정하여야 한다는 뜻입니다. 앞서 이야기했지만, 잠재고객이 주로 활동하는 공간은 어디이고 어떤 콘텐츠의 형식을 좋아하는지 그리고 내 제품과 메시지를 어떻게 전달하는 것이 효과적인지 등을 알아야 합니다.

다른 것들은 우선 제외하고 내 고객에게 초점을 맞춘 광고나 마케팅 활동에 대해 파악하고 필요한 내용과 성공사례를 배우는 것이 시간을 단축하고 성과를 내기 위해 마케팅을 배우는 가능한 한 빠른 방법의 하나입니다.

예를 들면 최근 가장 인기 있는 콘텐츠와 미디어가 영상과 인스타그램이라고 가정하겠습니다. 그리고 나의 잠재고객은 주로 네이버 카페 또는 밴드에서 많은 활동을 한다고 가정하겠습니다. 그렇다면 우리가 가장 먼저 배우고 검증해야 할 콘텐츠와 미디어는 무엇일까요? 네, 당연히 고객이 활동하는 네이버 카페와 밴드입니다.

두 번째 마케팅을 가능한 한 빨리 배우는 방법은 단계별 멘토mentor, 경험과 지식을 바탕으로 다른 사람을 지도하고 조언해 주는 사람 찾기입니다.

여기서 '단계별'이라는 의미는 나의 비즈니스와 마케팅의 상황을 기준으로 멘토를 찾는다는 것입니다. 상품을 처음 개발하고 시장에 선보이는 단계인지, 성숙기에 접어든 시장에서 매출 부진을 극복해야 하는 단계인지, 마케팅을 이제 처음 시작하는 단계인지, 현재하는 마케팅의 문제점을 찾고 개선해야 하는 단계인지 등 각 상황에 따라 필요한 멘토를 찾아야 합니다.

여기서 멘토는 나에게 가르침을 주는 모든 것을 의미합니다. 예를 들면 스승, 강의, 책, 영상 등의 콘텐츠를 포함합니다. 만약 처음으로 블로그 마케팅을 시작하기로 했다면 블로그를 개설하고 첫 글을 쓰는 것부터 배워야 합니다. 그중에서도 내 업종과 유사 제품을 내가 봐도 사고 싶을 정도로 잘 쓴 블로그 글을 찾아서 그대로 따라 해봐야 합니다.

만약 여러 가지 마케팅을 경험해 봤고 상당한 수준의 지식도 갖고 있다고 하면 기존에 성과가 가장 잘 나왔던 광고나 마케팅 방법을 좀 더 전문적으로 배울 수 있는 방법을 찾아야 합니다.

요컨대 다른 사람이 좋다고 추천하는 것이 기준이 아닌 내 비즈니스와 마케팅의 상황을 기준으로 멘토를 찾아야 한다는 의미입니다.

마지막으로 마케팅을 가능한 한 빨리 배우는 세 번째 방법은 한 가지에 집중하는 것입니다.

마케팅을 배우고 실행하다 보면 이것이 좋다, 저것이 좋다는 여러 가지 다양한 이야기를 듣게 되고 솔깃하게 됩니다. 그럴수록 흔들리지 말고 현재 하는 마케팅에서 일정 수준의 목표한 성과가 나올 때까지 집중해야 합니다.

예를 들면 현재 하는 비즈니스가 오프라인 매장이 있는 비즈니스라면 검색하는 잠재고객을 위해서 '네이버 플레이스'에 사용할 사진과 설명을 제대로 준비해야 합니다. 그리고 신뢰를 얻기 위한 '사회적 증거' 중 하나인 '후기'를 모으는 것에 집중해야 합니다.

또한 높은 평점과 양질의 '방문자 리뷰'와 '블로그 리뷰'를 경쟁사 대비로 더 많이 모은다는 목표를 가지고 우선은 그것에만 집중하는 것입니다. 이 활동에서 일정 수준의 성과가 안정적으로 유지된 후에 다른 마케팅에 다시 집중하여 성과를 내는 것을 반복하면 됩니다.

이렇게 반복하면 내 비즈니스와 상품에 효율적인 성과를 내는 마케팅 전술로 전체적인 마케팅 활동을 구성할 수 있습니다. 이후에는 마케팅 전략에 따라 추가적인 마케팅 전술을 넣거나 빼면서 변화를 줄 수 있습니다.

무엇보다도 가장 중요한 것은 한 가지 마케팅에서 일정 수준의 목표를 달성할 때까지 집중해야 합니다. 음식 간 보듯이 잠깐잠깐 해서는 어느 것 하나에서도 제대로 된 배움을 얻을 수 없습니다. 마케팅은 이론이 바탕이 되지만 무엇보다도 실행이 중요한 영역입니다. 따라서 가능한 빠른 시간에 마케팅을 배우는 방법은 당장 필요한 것부터 배우고 실전에서 활용하여 경험의 시간을 늘리는 것입니다.

머리로 아는 것이 중요하지만 써먹지 않는다면 아무리 고급 지식이라도 마케팅에서는 무용지물이라는 점을 잊지 마시기 바랍니다.

◈ **Action Point**

☑ 마케팅 꼼수는 결국 소비자에게 통하지 않습니다.

☑ 마케팅을 지금 할 수 있는 수준에서 배우기 시작합니다.

☑ 고객이 주로 활동하는 공간과 좋아하는 콘텐츠를 배웁니다.

☑ 현재 내 수준에 맞는 마케팅을 배웁니다.

☑ 작은 성과가 나올 때까지 한 가지에 집중합니다.

# 19

# 한 장짜리
# 마케팅 계획

## ☞ 6가지 필수 아이템

마케팅 계획을 내부에서 또는 파트너와 공유할 때 한 장으로 정리한 내용이 필요할 때가 있습니다. 한 장으로 잘 정리된 내용은 공유하기에도 편하고 프로젝트에 참여하는 사람들이 전체적인 의도와 방향을 이해하기에도 좋습니다.

아래는 마케팅 계획을 한 장으로 정리할 때 포함돼야 할 내용들입니다. 항목은 달리하더라도 가능한 핵심적인 부분을 포함해서 문서를 보는 사람의 머릿속에 큰 그림을 그릴 수 있도록 해야 합니다.

＊ 한 장짜리 마케팅 계획에 포함될 내용

### 1. 무엇, What

무엇을 마케팅할 것인지에 배경, 브랜드, 상품에 대한 것입니다. 신제품 론칭, 서비스 회원 유치, 브랜드와 상품설명이 포함됩니다.

### 2. 왜, Why

마케팅의 목적과 목표를 설정합니다. 신제품을 론칭하는 경우라면 이슈화, 인지도 등의 목적 그리고 목적을 달성하기 위한 정량적 수치가 목표로 설정되어야 합니다.

### 3. 어떻게, How

전략에 해당하는 부분입니다. 광고나 마케팅 방향을 설정합니다. 광고라면 어떤 광고를 어떤 광고 소재로 어디서 진행할 것인지를 표현합니다. 마케팅은 어떤 종류의 마케팅을 얼마나 할 것인지를 결정해야 합니다.

### 4. 언제, When

연간 계획이라면 시작일과 종료일을 표시하고 주요 일정을 포함해야 합니다. 티저광고, 신제품 론칭, 이벤트 등입니다. 대략의 주요 일정을 잡고 추후 결정되는 내용으로 구체적인 일정표를 만듭니다.

## 5. 얼마, budget

예산입니다. 예산에 따라 실제 진행할 수 있는 내용들이 달라집니다. 목적이나 목표에 따라 어디에 예산을 집중할지 또는 얼마나 짧고 길게 일정을 잡아야 할지 등이 예산에 좌우됩니다.

## 6. 기타, Other items

기타항목입니다. 추가로 고려해야 할 사항들이나, 유의 사항, 마케팅 범위나 제한사항 등이 표현됩니다.

위와 같은 6가지 내용으로 항목을 만들어서 한 장짜리 마케팅 계획을 세우면 문서를 보는 사람은 누구나 전체적인 큰 틀을 잡을 수 있습니다. 정리하다 보면 여러 가지 고려해야 할 내용을 발견할 수 있습니다.

다만, 한 장짜리 계획을 세울 때는 처음부터 너무 구체적인 사항은 포함하지 않습니다. 우선은 큰 그림을 그리고 구체적인 내용은 이후에 추가하여 보완합니다.

예를 들어 홈페이지로 비유한다면 메뉴와 메인 페이지를 먼저 계획하고 세부 페이지들은 추후 만들어 나간다고 생각하면 됩니다. 또는 식당의 컨셉과 메인 메뉴를 결정하고 서브 메뉴를 추가하는 것과 비슷합니다.

마케팅을 잘 모르거나 처음 시작하는 경우에는 고려해야 할 모든 것을 한 번에 알기도 어렵고 그럴 수도 없습니다. 우선은 현재의 내 상황을 제대로 파악할 수 있고 무엇을 해야 하는지를 아는 수준에서 큰 그림부터 잡아야 합니다.

앞서 이야기한 것처럼 큰 그림의 전략이 우선이고 구체적인 전술은 그다음입니다.

◆ **Action Point**

☑ 마케팅 계획은 한 장으로 요약해서 공유합니다.

☑ 중요한 핵심, 큰 그림을 정리합니다.

☑ what, why, how, when, budget, other items

# 20

# 차별화 차별화 차별화

## ⊙ 모든 것은 차별화될 수 있다

세계적인 베스트셀러 『마케팅 불변의 법칙』, 『차별화 마케팅』, 『포지셔닝』의 저자 잭 트라우트는 "마케팅에서 포지셔닝의 핵심은 차별화 요인을 찾는 것"이라고 했습니다.

앞서 우리는 독특한 판매 제안USP, Unique Selling Propositon의 필요성에 관해 이야기했습니다. 소비자에게 경쟁자가 아닌 나를 선택해야 할 나만의 거부할 수 없는 제안을 해야 한다고 했습니다.

그렇다면 이렇게 경쟁사와 차별화하는 방법은 어떤 것이 있을까요? 하버드대학교 경영대학원 마케팅학부 학장이었던 시어도어 레빗의 『마케팅 상상력』에서 이야기하는 몇 가지 차별화 방법을 소개합니다.

**첫 번째, 포장 방법에서 차별화가 가능합니다.**
상품 자체가 아닌 포장을 어떻게 하느냐, 패키지에 어떻게 담느냐도 차별화 요소입니다.

**두 번째, 상품의 전달 방법에서도 차별화가 가능합니다.**
새벽 배송, 당일 배송 등이 그 예입니다. 오늘 주문하면 새벽에 받는다는 것은 유통과정에서 경쟁사가 쉽게 따라올 수 없는 차별화 요소입니다. 전달 방법 자체도 큰 차별화 요소가 될 수 있습니다.

**세 번째, 과정도 차별화가 가능합니다.**
과거와 달리 지금은 결과가 아닌 과정을 구매하는 시대입니다. 상품을 생산하고 마케팅을 하는 것이 아닌, 마케팅부터 하고 잠재고객부터 모아서 판매한 뒤 상품을 만드는 시대입니다. 따라서 상품을 만드는 과정을 어떻게 보여 줄 것인가로도 차별화가 가능합니다.

**네 번째, 광고나 마케팅 그 자체로도 차별화가 가능합니다.**
지난 수 년 동안 빙그레가 진행하고 있는 독특한 세계관의 '빙그레우스'가 여전히 많은 인기를 끌고 있습니다. 또한 광고제작사 돌고래 유괴단에서 만든 광고가 재밌어서 일부러 광고를 찾아보는 사람도 있습니다. 광고와 마케팅 소재로도 차별화할 수 있습니다.

차별화를 상품에서만 찾으려면 쉽지 않습니다. 특히나 이미 생산한 상품의 경우에는 더욱 그렇습니다. 그럴 때는 위에서 소개해 드리는 몇 가지 방법으로 차별화를 시도할 수 있습니다.


## ☞ 한 가지라도 날카롭게

일부 마케팅 전문가는 항상 무엇인가 크고 새로운 것이 차별화라고 하는 경우가 있습니다만 저의 생각은 조금 다릅니다.

누구나 크고 새로운 아이디어와 상품을 만들어 낼 수 있다면 이상적이겠지만 현실적으로는 그렇게 할 수 있는 사람과 조직은 많지 않습니다. 따라서 세상에 없는, 경쟁사와 완전히 다른 그 무엇을 만드는 것에만 시간과 노력을 쏟기보다는 오히려 현재 고객의 불만과 피드백을 해결해 주고 긍정적인 후기를 모으는 단 한 가지라도 경쟁사보다 더 날카롭게 다듬는 것이 더 필요하다고 생각합니다.

기존에 사용하던 상품에서 고객이 느끼는 불편함을 한 가지라도 해결할 수 있고 그것이 차별화가 가능하다면 거기에만 집중하는 것입니다.

예를 들면 소위 '맥가이버 칼'이라고도 불리는 다양한 기능이 모두 포함된 칼도 있지만 그것과 차별화한다고 더 많은 기능을 넣을 필요는 없습니다. 오히려 주로 쓰는 3~4가지 기능을 더욱 잘 만드는 것이 차별화의 방법이 될 수 있다는 의미입니다.

실제 판매를 위한 제품으로 출시한 것은 아니지만 '테라' 맥주의 숟가락 오프너와 같이 병따개라는 흔한 아이템은 소비자의 관찰을 통해 얼마든지 다른 병따개와 차별화할 수 있다는 것을 보여 줍니다.

기존에 익숙한 생활 습관과 너무 다른 제안은 소비자가 오히려 거리감을 느낍니다. 현재 잘하는 마케팅에서 개선점을 찾아 뾰족하게 다듬어 차별화를 만드는 것이 우선할 일입니다. 만약 어떻게 차별화할 수 있을지가 너무 어렵고 고민된다면 '사회적 증거' 모으기에만 집중하길 바랍니다. 사회적 증거란 사람들이 주어진 상황에서 행동을 취하려고 다른 사람들의 행동을 모방하는 심리적, 사회적 현상을 말합니다.

애리조나 주립대학교 심리학과 석좌 교수인 로버트 치알
디니는 그의 저서 『설득의 심리학』에서 이렇게 말합니다.

"우리는 옳고 그름을 판단할 때 다른 사람들이 내린 판
단을 근거로 삼는다. 특히 어떤 행동이 옳은지 그른지
결정해야 할 때 더욱 그렇다. 우리는 대체로 사회적 증
거에서 제공한 정보를 환영한다. 보통은 유용하고 가치
있는 정보들이기 때문이다. 사회적 증거를 참조하면 모
든 일을 하나하나 꼼꼼히 조사하지 않고도 많은 결정을
손쉽게 내릴 수 있다. 상당히 광범위한 상황에서 우리는
다른 사람의 행동을 가장 유효한 정보로 사용한다."

쉽게 이야기하면 우리가 상품을 구매하기 전에 후기가 얼
마나 많은지와 어떤 내용의 후기인지를 살펴보고 결정하는
것이, 바로 사회적 증거를 판단의 근거를 삼는 것입니다.

사회적 증거가 경쟁제품보다 월등히 많이 확보되었다는
뜻은 사람들이 우리 제품의 품질이 우수하다는 것을 대신
이야기 해주고 있는 것입니다. 그래서 홈쇼핑에서 자주 사
용하는 '최다 판매', '완판', '업계 1등' 등의 표현을 자주 사
용하는 것이고 이것 자체가 소비자에게는 우리 제품을 구매

해야 하는 강력한 차별화 요소로 작용됩니다.

   고객의 불편함을 해소하는 한 가지를 날카롭게 차별화하
거나 그것이 어렵다면 사회적 증거를 월등히 많이 모아 보
시길 바랍니다.

◈ **Action Point**

☑ 모든 것은 차별화할 수 있는 포인트가 있습니다.

☑ 차별화 포인트를 찾는 것이 포지셔닝의 핵심입니다.

☑ 한 가지라도 날카롭게 차별화해야 합니다.

☑ 후기만 경쟁사보다 월등히 많이 모은 것만으로도 차별화가 됩니다.

☑ 고객의 불편함을 해소하는 한 가지를 찾고 그것을 차별화합니다.

# 21

# 당장 써먹는
# 11가지 마케팅

## ☞ 알고 있지만 제대로 해보지 않은

상대적으로 예산과 자원이 부족한 중소기업이라면 성과가 있는 한 가지 마케팅 방법에 집중하는 것이 이것저것 다양한 시도를 조금씩 하는 것보다 효율성이 좋고 더 큰 성과를 만들어 낼 수 있습니다.

약국에서 자주 볼 수 있는 숙면을 도와주는 상품이 있습니다. 해당 카테고리에서 1위 상품입니다. 콘텐츠 소스를 확보하기 위해 광고 사진이나 광고 영상을 만들기도 하지만, 광고를 노출하는 미디어에는 큰 예산을 들이지 않습니다. 이 회사의 결정권자부터 실무자까지 함께 미팅하고 나서, 왜 이 상품이 카테고리에서 1위를 차지하고 있는지를 느낄 수가 있었습니다. 무엇보다도 우리가 하는 마케팅에서 중요한 것이 무엇인지와 어디에 집중해야 할지가 구성원 모두에게 잘 공유되어 있었습니다.

이것저것 다양한 마케팅 방법들을 펼치기보다는 잠재고객이 주로 검색하고 활동하는 온라인 채널에 자사의 상품을 스토리텔링 콘텐츠를 만들어 올리는 활동에 집중하고, 잠재고객의 궁금함을 해결하고 마케팅 활동에서 개선점을 찾고 노력하는 모습을 보았습니다.

특히 결정권자가 혼자서 지시하기보다는 여러 담당자의 의견을 듣고 수용하는 모습과 연차가 낮은 담당자도 적극적으로 미팅에 참여하고 자기 주도적으로 프로젝트를 추진하는 모습도 인상 깊었습니다. 이후로는 약국 앞을 지날 때마다 보는 상품 포스터가 미팅 때의 좋은 느낌을 떠올리게 합니다. 그리고 여전히 활발한 마케팅 활동과 좋은 성과를 내고 있습니다.

머리로는 알고 있다는 이유로 실행해 보지 않고 판단하는 경우가 있습니다. 아는 것이라면 다른 사람에게 설명할 수 있어야 하고 직접 실행할 수 있어야 합니다. 그렇지 않다면 안다고 생각하는 것에 지나지 않습니다.

누구나 알고 있으면서도 제대로 해본 경험은 많지 않은 11가지 마케팅을 소개합니다. 미디어에 큰 예산을 사용하지 않고 당장 시도해 볼 수 있는 방법입니다.

앞서 마케팅 가능한 한 빨리 배우는 방법에서도 이야기했듯이 한 가지에서 어느 정도 결과가 나와서 판단을 할 수 있을 때까지 해보고 다른 방법으로 그 경험과 노하우를 옮겨서 다시 반복하는 것이 필요합니다.

### 1. 체험단, 마이크로 인플루언서

: 후기라는 강력한 사회적 증거를 모으는 방법입니다. 잠재고객으로 구성된 체험단은 꼭 진행해야 하는 마케팅 방법입니다. 긍정적 후기 확보가 목적이고 이것을 모아 사회적 증거로 활용하여 광고나 마케팅, 세일즈 메시지에 활용할 수 있습니다.

### 2. 블로그

: 네이버 검색이 차지하는 비중을 고려할 때 자사 블로그를 운영하는 것을 추천합니다만 여의치 못하면 핵심 키워드로 노출이 가능한 블로거와 협업을 통해 네이버 view 영역에서 상품과 브랜드를 노출시키는 것이 필요합니다. 블로그는 여전히 강한 마케팅 채널입니다.

### 3. 인스타그램

: 인스타그램은 마케팅 방법에 대한 고민이 필요합니다. 단순히 브랜드와 상품홍보 목적의 콘텐츠는 많은 반응을 끌어낼 수 없습니다. 업계에서 참고할 만한 사례를 모은 후 핵심으로 봐야 할 부분은 컨셉과 방향성입니다. 블로그와는 다른 접근이 필요하다는 점을 잊지 말아야 하고 특히 릴스 기능을 활용하는 방법 꼭 익혀서 다양한 콘텐츠 제공과 콘텐츠의 노출을 확대해야 합니다.

### 4. 뉴스레터

: 뉴스레터는 고객의 정보를 활용한다는 점에서 다른 마케팅과 차이가 크고 중요합니다. 이메일은 고객 정보 중 큰 비중을 차지합니다. 뉴스레터를 통해 고객에게 도움이 되는 정보를 제공하면서 자연스럽게 우호적인 브랜드 이미지와 상품을 노출시킬 수 있기 때문에 비용 대비 노출 효과와 유입 등 실제 행동을 유도하는 데 도움이 됩니다.

### 5. 다이렉트 마케팅

: 최근에 다이렉트 마케팅에 대한 관심이 더욱 높아졌고 관련 서적도 계속 출간되고 있습니다. 세스 고딘과 같은 세계적인 마케팅 구루도 다이렉트 마케팅의 전문가입니다. 다

른 마케팅 방법에서도 활용할 수 있는 중요한 개념과 방법을 익힐 수 있으므로 기회가 될 때 다이렉트 마케팅에 대해 집중적으로 학습해 보길 추천해 드립니다.

다이렉트 마케팅을 배우기 좋은 책으로는 간다 마사노리의 『돈이 되는 말의 법칙』, 『입소문 전염병』, 러셀 브런슨의 『마케팅 설계자』, 심길후 『슈퍼리치 영업의 기술』, 포리얼의 『비즈니스 스테로이드』, 앨런 딥 『1페이지 마케팅플랜』, 댄 S 케네디 『고객을 불러오는 10억짜리 세일즈 레터 & 카피라이팅』 등을 추천합니다.

## 6. 스토리텔링

: 브랜드 스토리를 만드는 것은 향후 브랜딩을 위해 꼭 한 번 실행해야 할 단계입니다. 자사의 상품, 창업자, 고객을 주제로 스토리를 만드는 방법을 연구하고 그것을 다른 마케팅 채널에서 콘텐츠로 풀어낼 수 있습니다. 가장 좋은 것은 스토리의 주인공을 고객으로 하여 자사의 상품을 통해 문제를 해결하는 과정을 기승전결의 이야기로 만들면 다양한 광고와 마케팅 콘텐츠에 활용이 가능합니다.

## 7. 콜라보레이션

: 자사의 브랜드와 상품을 활용해 그림, 영상, 글을 쓰는

작가 등과 협업하여 이슈화를 하는 방법 또는 이색적인 작업을 하는 사람 또는 조직, 단체와 협업을 통해 상호 원원하는 방법이 있습니다. 예를 들면 피규어나 미니어처를 만드는 사람과 협업하여 세상에서 하나뿐인 상품의 피규어를 만들거나 미니어처를 만드는 과정을 콘텐츠로 만들 수도 있습니다.

다양한 분야의 사람, 기업과의 콜라보레이션을 통해 새로운 모습을 보여 주고 주의를 환기시킬 수 있습니다.

### 8. 지식인 댓글 마케팅

: 과거보다 관심이 낮아진 것은 사실입니다만 여전히 네이버에 노출되는 영역입니다.

상품이나 브랜드에 연관된 게시글, 고객의 고민과 문제와 연관된 게시글에 답변하는 것은 다른 방법들에 비해 상대적으로 적은 노력으로 자연스럽게 상품이나 브랜드 노출이 가능합니다. 물론 답변 내용에 충실해야 하는 것이 전제이고 상품 홍보가 강조되어서는 안 됩니다. 질문자의 궁금증 해결에 충실하고 답변을 읽는 사람 누구에게나 도움이 되는 내용이 중요합니다.

### 9. 모바일 앱 광고, 마케팅

: 특정 지역 내 잠재고객 대상으로 당근 마켓 앱 광고, 마케팅 등 모바일 앱을 활용한 마케팅 방법이 있습니다. 검색 포털 등에 비해 상대적으로 광고비용 등이 낮고 지역 기반으로 광고와 마케팅을 할 수 있다는 장점이 있습니다. 다만 이용자가 너무 적거나 활성화가 부족한 것은 아닌지 사전에 검토해야 합니다.

### 10. 카페 마케팅

: 잠재고객 회원들이 모여 있는 활성화된 카페를 선정하고 회원들 대상으로 이벤트를 진행할 수 있습니다. 상품을 무료 체험하고 후기를 남길 수도 있고 별도로 미션을 제공할 수 있습니다. 카페 메인에 배너 광고를 할 수도 있습니다만 배너 광고보다는 회원들이 참여하는 상품 경험과 후기 노출 이벤트 진행을 추천합니다.

### 11. 웹툰, 이모티콘, 굿즈

: 브랜딩이 계획대로 잘 되고 있다면 잠재고객이 좋아할 만한 브랜드 상품을 만들어 팬심을 자극하고 참여와 충성도를 높일 수 있습니다. 물론 생산된 콘텐츠의 퀄리티가 중요합니다. 앞서 예시로 들었던 작가와의 콜라보 등을 통해서 진행하면 퀄리티나 인지도를 사전에 예상하고 시작할 수 있

는 장점이 있습니다.

마케팅 전술이 아무리 다양하고 많더라도 실행하지 않으면 아무 의미가 없습니다. 한 가지라도 일정 성과가 나올 때까지 진행해서 쌓은 노하우와 경험을 다른 마케팅으로 복제해 나가야 합니다. 효과를 판단할 수 있을 정도의 데이터와 경험이 쌓여야 해당 마케팅을 지속할지를 판단할 수 있습니다. 단 한 번 실행으로 끝내기보다는 일정 기간과 횟수를 지속하며 한 가지 마케팅 방법이라도 익숙한 수준까지 익히기를 바랍니다.


◈ **Action Point**

☑ 이것저것 다양함보다 한 가지 집중이 효과적입니다.

☑ 알고 있다고 생각만 하고 실제 해보지 않은 마케팅이 많습니다.

☑ 다이렉트 마케팅을 공부해서 활용해야 합니다.

☑ 뉴스레터는 장기적으로 고객의 데이터를 모을 수 있는 큰 장점이 있습니다.

☑ 콜라보레이션, 제휴, 협업도 비용대비로 큰 효과를 낼 수 있습니다.

# 22

# 벤치마킹
# 잘하는 법

## ⊙ 결과가 아닌 원인

새로운 프로젝트의 광고, 마케팅 기획 회의를 위해 여러 사람이 모였습니다. 각자 사전 조사한 자료를 발표하며 이번 프로젝트의 아이디어를 내보기로 했습니다.

자료 발표가 시작되자 이상한 생각이 듭니다.

'어, 저 사례 나도 준비했는데….'

좀 더 지나고 나니 성공사례라고 조사한 것이 발표하는 사람 대부분 다 비슷합니다.

그럴 수밖에 없는 게 너무나 당연합니다.

성공사례라고 손꼽히는 건 다른 카테고리의 비즈니스나 상품이라고 하더라도 그 수가 많지 않을뿐더러 크게 성공한 사례일수록 누구나 잘 아는 내용일 가능성이 크기 때문입니다.

예를 들면 나이키의 '조던 브랜드' 이야기, 스티브 잡스의 '아이폰 프리젠테이션', 로레알이 인수한 '스타일난다, 3CE' 등은 검색 한 번이면 얼마든지 누구나 쉽게 찾을 수 있는 비즈니스, 브랜드, 상품의 성공사례입니다.

이미 성공한 사례를 살펴보며 무슨 광고와 마케팅을 했는지를 확인하는 것도 필요합니다. 카테고리에서 앞서가는 기업과 브랜드의 광고와 마케팅 전략이 무엇인지를 참고할 수 있기 때문입니다. 하지만 우리가 알아야 할 것은 누구나 눈으로 볼 수 있는 결과가 아닙니다. 겉으로 잘 보이지 않는 원인이 우리가 알아야 할 것입니다.

바꿔 말하면 지금은 성공사례라고 손꼽히는 그 브랜드와 상품이 우리와 같은 초창기 때는 더 높은 단계로 올라가기 위해 무엇을 했는지를 봐야 한다는 뜻입니다. 그리고 그것이 어떤 결과를 만들었고 과연 우리가 참고하고 배울 만한 점은 무엇인지 또한 조심하거나 관리해야 할 위험요소는 무엇이 있는지를 살펴봐야 한다는 뜻입니다.

또 한 가지는 어떤 기업이나 브랜드, 상품이라도 내부적인 상황이나 외부적인 상황이 모두 같지 않기 때문에 벤치마킹을 위한 사례 조사는 이 점까지도 조사하고 고려해야 하는 것입니다. 예를 들면 지금 시점에서 과거를 돌아봤을 때 결과적으로 잘된 결정이기 때문에 성공사례라고 한다면 당시의 결정을 반대했거나 자칫 문제가 될 수 있었던 위험 요소를 과소평가할 수 있기 때문입니다.

2023년 5월 기준 2,300만 명의 회원을 확보한 국내 1위 적립포인트의 소셜미디어 론칭 및 운영 캠페인 대행사 선정을 위한 프리젠테이션에 참여했었습니다. 벌써 10년 정도 지난 일입니다만 당시 제가 근무하던 회사를 포함해 총 3개의 회사가 참여했었습니다. 프리젠테이션 준비는 광고기획팀, 제작팀과 함께했고 발표는 제가 했습니다. 그룹사의 여러 브랜드 매니저들이 참석해서 평가했고 다행히 결과가 좋아서 약 4~5년 정도 프로젝트를 진행했습니다.

당시 적립포인트 사업을 진행하던 기획실의 본부장님이 해주신 말씀이 아직 기억이 납니다. "프리젠테이션에 참여했던 회사의 제안 내용은 큰 차이가 없었다."며 "어차피 실제 진행할 때 내용이 바뀔 것이기도 하고 비슷비슷한 수준이었다."라고 했습니다. "당신 회사가 선정될 수 있었던 이유는 다른 회사는 아무도 위험 요소 관리에 대해 이야기하지 않았는데 오직 당신만 그 이야기를 했다."라며 "우리 회

사 내부적으로 중요하게 여기는 부분을 잘 짚어 준 것이 좋
았다."라고 했습니다.

지금 생각해 보면 국내 1위 적립포인트 사업을 담당하고
있는 본부장님 입장에서는 볼 때는 누구나 이야기할 수 있
는 성공사례와 장밋빛 미래보다는 겉으로 보이지 않지만 놓
치지 말아야 할 점이 더 중요하다고 생각했던 것 같습니다.

영화 '곡성'의 명대사 중 "절대 현혹되지 마소."라는 대
사가 있습니다.

성공사례를 보고 배우는 것은 중요합니다만 눈에 보이는
결과에 현혹되지 말고 그 이면裏面의 숨겨진 원인과 배경까
지 함께 살펴보아야 좀 더 의미 있는 배움을 얻을 수 있습니
다. 마치 물 위에서 멋지게 나아가는 하얀 백조의 우아한 자
태의 이면에는 물속에서 분주히 움직이는 발길질이 있다는
것과 마찬가지입니다.

성공사례의 발길질은 무엇이었는지까지 살펴보시길 바랍
니다.

## ⊙ 문제 해결법

시어도어 레빗은 그의 저서 『마케팅 상상력』에서 "사람들은 물건이 아닌 문제해결 방법을 산다. 즉, 마케팅 상상력은 사람들이 어떤 문제를 해결하고 싶어 하는지를 알아내는 것이다."라고 했습니다.

성공사례를 통해 배울 때도 마찬가지입니다. 성공한 기업, 브랜드, 상품은 고객의 문제를 어떤 해결했는가를 알아내야 한다는 이야기입니다. 앞서 우리는 마케팅이 고객의 문제와 고민이 무엇인지를 알고 그것을 해결하는 것이라고 했습니다. 그러므로 성공사례의 마케팅에는 분명히 고객의 문제와 고민을 발견하고 그것을 해결하는 과정이 있었을 것입니다. 고객의 문제와 고민을 해결한 결과에 마케팅 성과는 따라온 것입니다.

요컨대 각 기업, 브랜드, 상품마다 마케팅으로 해결하고자 했던 문제가 무엇인지를 알고 그것을 어떻게 해결했는지를 아는 것이 벤치마킹을 잘하는 법입니다.

개인적으로 무슨 일을 하더라도 '질quality'보다 '양quantity'이 우선 되어야 한다고 생각합니다. 기본적으로 양적인 경험과 노력이 있어야 그것에서 질적인 성장과 발전이 있기 때문입니다. 파블로 피카소가 그의 유명한 작품을 그리기 전까지 마네, 들라크루아 같은 선배 화가들의 작품을 보고 숱하게 따라 그리며 모방했다는 것은 공공연히 잘 알려진 사실입니다.

마케팅에서도 양적으로 많은 수의 성공사례를 조사하고 배우는 것도 중요합니다. 거기에 핵심적인 문제해결 과정까지 배울 수 있다면 금상첨화입니다. 그러므로 앞으로 성공사례를 조사할 때는 다른 것은 잊더라도 문제가 무엇이었는지와 그것을 어떻게 해결했는지는 빼놓지 않고 확인하시길 바랍니다.

영화 '올드보이'에서 이우진유지태이 오대수최민식에게 이렇게 이야기합니다. "틀린 질문을 하니까 틀린 답이 나온다. 왜 당신을 15년간 가뒀냐가 중요한 게 아니라, 왜 15년이 지난 지금 풀어줬는지를 물어야지."

성공적인 마케팅 사례에서 우리가 물어야 할 질문은 '얼마나 큰 성공을 했느냐가 아니라, 어떤 문제를 해결했느냐' 입니다.

## ◈ Action Point

☑ 내가 아는 성공 사례는 이미 경쟁사도 알고 있습니다.

☑ 성공 사례는 그 사례가 지나온 과정의 결과입니다.

☑ 무슨 마케팅을 하더라도 위험 요소가 있습니다. 미리 대응 방안을 준비해
야 합니다.

☑ 어떤 문제와 고민을 발견했는지와 그것을 해결한 과정을 배워야 합니다.

☑ 배움을 위한 모방은 '질quality'보다 '양quantity'이 중요합니다.

# 23

# 도미노
# 게임

## ⊙ 대박 나는 법

게리 켈러, 제이 파파산의 『원씽』에는 유명한 도미노 실험 이야기가 나옵니다.

지금 눈앞에 크기 5cm의 도미노가 하나 있다고 가정해 보겠습니다. 그리고 그 도미노의 뒤에는 앞의 도미노보다 1.5배씩 더 큰 도미노가 연속해서 서 있다고 하겠습니다. 과학자이자 작가인 론 화이트헤드에 따르면 한 개의 도미노는 자신보다 1.5배가 큰 것도 넘어뜨리는 힘을 가진다고 합니다. 그렇다면 23번째 도미노의 크기는 얼마나 될까요?

놀랍게도 23번째 도미노는 에펠탑보다 크다고 합니다. 그리고 31번째 도미노는 에베레스트산보다 900미터나 더 높고 51번째 도미노는 지구에서 달까지 다리를 놓아 줄 정도라고 합니다. 손가락으로 툭 건드려 쓰러트린 5cm의 작은 도미노가 23번째에 이르러 대박이 나고 51번째에는 그 누구도 상상하기 힘든 슈퍼초대박을 터뜨린 것입니다.

모든 대박에는 시작이 있습니다. 대박의 결과에 대해서만 잘 아는 사람이 대박 나기가 힘든 이유는 바로 '시작이 무엇인가?'를 모르기 때문입니다.

결과만 아는 사람은 첫 번째 도미노를 쓰러트리지 못하면서 마지막 도미노의 크기가 얼마나 큰지를 이야기할 뿐입니다. 그래서 마지막 도미노가 쓰러지면 달에 갈 수 있는 걸 알아도 결코 달까지 가지 못합니다.

마케팅을 대하는 우리의 시선도 마지막 도미노에서 첫 번째 도미노로 돌려야 합니다.

첫 번째 도미노는 크고 대단한 것이 아닙니다. 오히려 너무 작고 보잘것없습니다. 그래서 무시하고 우습게 알기 십상입니다. 하지만 그 작고 보잘것없는 도미노가 결국에는 달까지 갈 수 있는 큰 다리를 놓는 것입니다. 마케팅으로 대박 난 경험이 없고 방법도 모르는 사람일수록 대박의 결과가 아닌 대박의 시작과 과정을 배워야 합니다. 다시 말해 작고 보잘것없는 첫 번째 도미노가 무엇인지를 찾고 그것부터 쓰러트려야 합니다.

결과가 아닌 과정의 방법을 이해하고 실행하는 것이 더 중요합니다. 이것을 위해서 가장 먼저 알아야 할 한 가지는 내가 무엇을 아는지, 모르는지를 아는 것입니다. 다른 말로 메타인지라고 합니다. 마케팅을 배우고 시작하기 전에 우선 아는 것과 모르는 것을 구분하고 첫 번째 도미노를 찾아 그것을 쓰러뜨리는 데 집중해야 합니다. 도미노도 마케팅도 모든 대박에는 작고 보잘것없는 시작이 있었습니다.

여러분의 첫 번째 도미노는 무엇인가요?

◈ **Action Point**

☑ 모든 대박에는 시작이 있습니다.

☑ 첫 번째 도미노를 쓰러뜨려야 마지막 도미노까지 쓰러뜨릴 수 있습니다.

☑ 결과만 알고 시작을 모르면 첫 번째 도미노를 쓰러뜨릴 수 없습니다.

☑ 시작은 언제나 작고 보잘것없어 보입니다.

☑ 아는 것과 모르는 것을 구분할 수 있어야 합니다.

# 24

# 마케팅 초보 탈출
# 5단계

## ⊙ 멘토를 만나다

제가 처음 마케팅을 배울 때 정말 운이 좋게도 업계에서 실력 있는 멘토를 만났습니다. 기획, 제안서, 프리젠테이션, 인맥, 세일즈 등 뭐 하나 빠질 것 없는 실력자였습니다. 그런데 문제는 제가 멘토의 가르침을 받을 수 있는 그릇이 못 되었다는 것이었습니다. 한마디로 배울 준비가 안 되어 있었습니다.

그래서 가르쳐 주는 건 100인데 배우는 건 10도 안 되는 상황이었습니다. 배운 것도 실무에서 써먹을 수 있는 수준도 안 되었습니다. 그러다 보니 멘토에게 전혀 도움도 안 되고 오히려 시간만 잡아먹는 계륵 같은 처지였습니다.

마음과 달리 실력도 안 되고 가르침을 받을 준비도 안 됐으니, 매일 민망하고 난처하고 눈치만 보는 시간이었습니다. 언젠가는 나아질 거라고 느긋하게 생각하기에는 멘토를 포함한 다른 사람들의 업무 부담이 컸습니다. 사람은 늘었는데 효율은 낮아진 상황이었습니다. 방법을 찾아야 했습니다.

## ⊙ 6개월 내 경력자를 따라잡은 방법

내가 뭘 해야 하는지를 알아야 했습니다. 그러려면 뭘 모르는지부터 알아야 했습니다. 나머지는 그다음 문제고 그것까지 생각할 수준이나 여유가 없었습니다. 마케팅 초보 딱지를 떼고 직접 제안서를 쓰고 미팅을 나가기 전까지 아래 5가지 과정을 거쳤던 기억이 납니다. 무슨 일을 하더라도 처음 하는 일이라면, 일정 수준에 도달하기까지는 비슷한 과정을 지나야 한다고 생각합니다.

첫 번째로 한 일은 멘토와 이야기 나눌 때 대화 내용을 빠짐없이 적었습니다. 적을 필요가 없다는 내용도 한 마디도 빠지지 않고 적었습니다. 그다음은 내용 중 모르는 단어, 개념을 찾아서 따로 정리했습니다. 그렇게 꾸준히 하다 보니 점점 찾는 내용이 줄어들었습니다. 대화 내용을 이해하는 수준이 높아지니 받아 적는 내용도 점점 줄어들고 아이디어를 내기 시작했습니다. 무엇을 모르는지를 아는 단계를 지나고 있었습니다.

두 번째로 일거수일투족—擧手—投足, 크고 작은 동작 하나하나을 따라 했습니다. 멘토가 사무실을 나오기 전에 가장 먼저 출근해서 어제 배운 내용 복습했습니다. 멘토가 기획하고 제안서를 쓰고 평소에 쓰는 용어를 모두 따라 하려고 노력했습니다.

즉, 그 사람의 말, 행동을 복사하려고 했습니다. 퇴근은 가장 늦게 했습니다. 멘토가 같이 가자는 곳은 모두 따라나섰습니다. 함께 있는 동안 그가 말하는 이야기는 여전히 빠짐없이 노트에 적었습니다. 주말에 멘토가 출근하면 나오지 말라고 해도 출근해서 옆에 있었습니다. 옆에 계속 붙어 있으니 작은 일을 나눠 주었고 그것을 하면서 피드백을 받았습니다.

세 번째로 작은 일을 직접 담당하게 되었습니다. 주로 멘토가 기획한 내용에서 추가 아이디어를 내는 일이었습니다. 이미 기획과 제안서 작성까지 끝났기 때문에 저의 아이디어가 있어도 그만, 없어도 그만이었습니다. 그래도 제 아이디어가 포함될 수 있는 기회를 놓치지 않기 위해 자료 조사하고 응용하고 직접 그려 보고 써보면서 가능한 많은 아이디어를 내려고 노력했습니다. 그렇게 매일 반복하던 중 드디어 저만의 성과가 나오기 시작했습니다.

네 번째는 큰 그림이 눈에 들어오기 시작했습니다. 내가 하는 일이 전체 그림에서 어느 부분이고 전체 그림은 어디를 향해 가고 있는지를 알게 되었습니다. 이 과정에서 가장 큰 도움이 된 것이 꾸준한 독서입니다. 지금까지 이어진 마케팅, 브랜딩 관련 독서는 이때 만들어진 습관입니다. 모르는 것이 있으면 관련 주제의 책을 찾아보았고 책에서 읽고 배운 내용을 기획할 때, 아이디어를 내야 할 때마다 활용하였습니다.

만약 광고 목적의 웹툰을 만들어야 한다면 일을 의뢰할 웹툰 작가와 미팅하기 전에 웹툰 관련 책을 여러 권 사서 읽으면서 웹툰이 무엇인지, 스토리는 어떻게 구성되는지, 캐릭터는 어떻게 만드는 것인지 등을 배웠습니다. 그 과정을 거치면 기존에 이미 가지고 있는 광고주의 요청에 대한 이해를 웹툰에 어떻게 접목할 수 있을지가 좀 더 수월해졌습니다.

다섯 번째는 큰 그림을 직접 그려보기 시작하였습니다. 작은 규모의 프로젝트라도 처음부터 끝까지 오롯이 직접 기획해 보았습니다. 광고주의 비즈니스를 먼저 이해하고 고객이 누구인지와 무엇이 필요한지를 이해했습니다. 전략을 세우고 예산 내 가능한 실행 방안과 콘텐츠 아이디어를 다양하게 제안했습니다. 이 과정에서 도움이 된 것은 경제, 경영 관련 책과 뉴스, 기사였습니다.

광고주가 속해 있는 마켓의 변화와 트랜드, 소비자의 이해를 높이는 것이 중요했습니다. 그것을 모르면 자신이 아는 작은 세상 속에서 자신이 중요하다고 생각하는 이야기만 하게 됩니다. 자신의 이야기만 해서는 마케팅을 통해 변화될 모습을 상상하게 만들 수가 없습니다. 광고주의 시야를 넓혀 주고 비전을 제시할 수 있어야 합니다. 광고주가 놓치는 부분을 짚어 주고 개선할 방법을 제안해야 합니다. 고객이 누구인지를 잘 이해하고 있어야 실현 가능한 목표를 제시할 수 있고 효율적인 방안을 실행할 수 있습니다.

이런 것은 모두 평소에 경제, 경영 관련 책과 뉴스, 기사, 사람의 관찰을 통해 하루하루 쌓아 나가야 가능합니다. 밀린 일기 쓰듯 하루아침에 할 수 있는 일이 아닙니다.

6개월만 가르쳐 주면 1년 이상 이 일을 한 사람보다 더 잘할 수 있다고 자신 있게 이야기했고 결과적으로 6개월 후

저는 제가 한 말을 지켰습니다. 그때 했던 노력과 배움 덕분에 이후 광고, 마케팅 일을 계속할 수 있었습니다. 물론 짧은 기간 때문에 경험 부족에서 오는 실수는 계속 있었지만, 그것은 시간이 지나면서 경험이 쌓이고 차차 나아졌습니다.

이때의 6개월은 이후 10년 동안의 저의 커리어에 가장 큰 영향을 미쳤습니다. 그리고 제가 겪고 배운 것은 이후 저의 팀원들과 후배들에게 공유하고 가르쳐 줄 수 있었습니다.


## ⊙– 마케팅 초보 탈출 5단계

앞서 마케팅을 모르면 생기는 문제에 관해서 이야기했습니다. 마케팅을 모르면 의사소통에 문제가 생기고 결과적으로 비즈니스에까지 악영향을 준다는 이야기였습니다. 단순히 개념이나 기능, 지식의 문제가 아니라 마인드셋과 관점, 관계의 문제이기 때문입니다.

그리고 지금 하는 마케팅이 답답한 가장 큰 이유 중 하나는 '모르는 것을 배우지 않기' 때문인 것은 분명합니다. 마케팅을 하나도 모르고 계속 비즈니스를 하겠다는 사람이 아니라면, 지금부터 이야기하는 마케팅 초보 탈출을 위한 5단계는 꼭 한 번 실행해 보시길 바랍니다.

1단계 객관화客觀化 : 현재의 내 수준을 객관적으로 평가
해 본다.

지금 하는 마케팅에서 또는 내가 하는 대화에서 마케팅과
연관된 단어, 개념 중 아는 것이 무엇인지 노트에 직접 리스
트를 써보기를 바랍니다.

단, 내가 다른 사람에게 설명할 수 있고 실제로 해본 것이
아는 것이라는 기준입니다. 실제로 내가 아는 것처럼 말하
는 것인지만 노트에 써서 상대방에게 설명할 수 없다면 아
는 것이 아닙니다. 한 번 들어 본 것이나, 읽어 본 것은 아직
아는 것이 아닙니다.

2단계 학습學習 : 현재 리스트에서 모르는 것을 배운다.

노트에 적은 리스트 중 내가 모르는 것의 주제를 다룬 자
료, 책, 영상을 보고 배웁니다. 온라인 또는 오프라인 강의를
찾아서 배우는 것도 좋습니다. 인터넷에서 그 주제를 검색
해서 그것을 먼저 배운 사람의 이야기를 참고합니다. 가장
빠르게 배울 수 있고 내가 이해하기 좋은 방법으로 배웁니
다. 리스트에서 배우고 이해한 내용은 체크를 하며 하나씩
지워 나갑니다.

배우는 것의 우선순위는 지금 하는 마케팅, 내가 하는 마케팅 관련 대화 중 가장 큰 개념, 가장 자주 이야기하는 주제부터 배워 나갑니다.

롤모델, 멘토를 찾거나 만나는 것이 가장 좋습니다. 꼭 사람이 아니더라도 책의 저자, 영상의 주인공도 좋습니다. 그들이 마케팅, 브랜딩에 대해 어떻게 배웠는지, 무슨 이야기를 하는지를 보고 배웁니다.

### 3단계 체화體化 : 배운 것을 설명하고 실행한다.

내가 배우고 이해했다고 생각하는 것은 그것을 아직 모르는 다른 사람에게 설명합니다. 다른 사람의 질문에 답을 해봅니다. 답을 하지 못하고 모르는 내용은 2단계에서 배운 것처럼 다시 배웁니다.

배운 것을 직접 실행해 봅니다. 예를 들어 '컨셉'에 대해 배웠다면 현재 하는 브랜드 컨셉, 마케팅 컨셉, 콘텐츠 컨셉 등 현재 하는 마케팅과 연관된 컨셉을 직접 만들어 봅니다. 블로그 마케팅이 무엇인지 이해했다면 직접 블로그를 만들고 키워드를 조사하고 글을 써서 업로드를 해봅니다. 뉴스레터 자동화를 배웠다면 직접 만들어서 기존 고객 대상으로 뉴스레터를 발행해 보고 고객 정보를 확보할 수 있는 이벤트를 기획해 봅니다.

이 단계에서 기존에 내가 정답이라고 알고 있던 것, 주변에서 정답이라고 이야기했던 것 중 많은 것은 사실이 아니라는 것을 경험하게 됩니다. 특히 그것이 정답인지 아닌지를 한 번도 생각해 보지 않았던 것뿐이라는 것을 알게 됩니다.

4단계 확장擴張 : 지식, 이해의 폭을 넓혀 나간다.

리스트에서 설명을 못 하는 것이 없다면, 새로운 개념, 기술, 지식, 정보를 배웁니다. 나의 비즈니스, 마케팅과 연관된 것뿐만 아니라, 사람들이 무엇에 관심이 있는지에 집중합니다. 배우는 주제에 대해서는 나의 개인적인 관심사, 호불호를 개입시키면 안 됩니다.

예를 들면 최근 사람들이 가장 많이 사용하는 소셜미디어와 콘텐츠는 무엇이고 그 이유는 무엇인가? 대기업, 유명 브랜드의 광고와 마케팅 방향과 콘텐츠는 어떻게 변하고 있는가? 내가 속한 비즈니스 카테고리의 성공 사례는 현재 어떤 마케팅을 하고 있는가?

내가 생각하는 마케팅, 브랜딩의 아이디어가 확장되고 그것의 처음부터 끝까지를 머릿속으로 그려 볼 수 있습니다. 그리고 그것을 현실로 만들기 위해 가장 먼저 쓰러트려야 할 첫 번째 도미노가 무엇인지를 찾을 수 있습니다.

5단계 공유共有 : 내 생각을 다른 사람과 나눈다.

내가 배우고 알게 된 것을 함께 일하는 동료, 파트너, 고객에게 이야기하고 도움을 주고받습니다. 같은 주제에 대해 고민하는 사람에게 소셜미디어 등을 통해서 도움을 줍니다. 그 과정에서 나 역시 다른 사람에게 새로운 지식, 정보, 경험을 배울 수 있습니다. 내가 알고 경험한 것을 공유하는 과정에서 점점 더 많은 배움이 생깁니다. 이것을 현재 하는 마케팅에 적용해 보고 검증해 봅니다. 성과가 생긴다면 그 과정에서 배운 것을 또 공유합니다.

고객에게 내 배움과 경험을 공유하여 고객을 도움으로써 고객에게 신뢰를 얻고 그것은 내가 하는 마케팅을 더욱 확장시킬 수 있는 기회가 됩니다. 고객에게 무엇을 받을지보다 내가 배우고 알게 된 것을 어떻게 공유할지를 생각하고 그 방법을 실행합니다.

지금까지 마케팅 초보 탈출을 위한 5단계를 이야기해 드렸습니다. 내가 마케팅에서 가장 궁금하거나 잘 모르는 주제에 대해서만이라도 이 단계를 진행하면 분명히 해당 분야는 전문가를 제외한 주변 누구보다도 더 잘 설명할 수 있는 수준이 될 수 있습니다. 개인적인 경험으로는 한 가지 주제를 배우고 실행하고 공유하는 데까지 3개월 이내에 가능하다고 생각합니다. 사람에 따라 다르고, 주제나 환경에 따라 다를 수는 있지만, 하루 30분~1시간 정도를 매일 5단계를 순서대로 진행한다는 기준입니다.

지금 하는 마케팅이 답답하고, 무엇부터 시작해야 할지 모른다면 위에서 이야기한 5단계를 순서대로 실행해 보시길 바랍니다.

내 비즈니스이고 내 마케팅임에도 불구하고 계속 답답한 채로 다른 누군가가 해결해 주기만을 기다릴 것인가요? 아니면 단 한 번이라도 내 손으로 직접 답답함을 해소하는 방법을 배울 것인가요? 어떤 답을 해야 할지는 이미 잘 알고 있다고 생각합니다.

이제 남은 것은 '실행'입니다.

이 책이 여러분의 마케팅 답답함 해소의 '계기'가 되길 진심으로 바랍니다.

# 한 권의 책, 한 개의 메시지, 한 번의 실행

## ☞ 실행 없이는 답답함도 해소되지 않는다

이 책에서 제가 가장 강조하고 반복하는 키워드 3가지를 뽑으라고 한다면 '안다는 것', '고객', '실행'입니다.

자신이 무엇을 모르고 무엇을 아는지를 알아야 답답함을 해소하기 위해 무엇이 필요하고 어떤 행동을 해야 할지 알 수 있습니다. 그리고 마케팅은 시작과 끝은 모두 고객을 향하고 있습니다. 고객을 모르고 마케팅을 시작할 수도 없으며 설사 자기 생각만으로 시작했다고 하더라도 그 끝은 다시 고객을 향해 돌아가는 U턴 표지판만이 있을 뿐입니다. 또한 물가로 말을 데려갈 순 있어도 물을 억지로 마시게 할 수는 없습니다. 아무리 좋은 책을 읽고 강의를 듣고 코칭을 받았다 하더라도 자신이 직접 하지 않는다면 어떤 마케팅 답답함도 해소될 수 없습니다.

결국 마케팅을 배우고 고객을 이해하고 직접 실행해야만 지금 하는 마케팅의 답답함을 해소하고 새로운 지식과 경험을 얻을 수 있습니다. 다음 단계로의 도약도 가능해집니다.

마케팅 고급 지식과 중요한 정보라도 실행 없이 그 자체로는 의미가 없다는 것을 꼭 기억하시길 바랍니다.

## ☉ 한 권의 책은 한 명의 멘토와 같습니다

지금까지 수백 권의 심리학, 브랜딩, 마케팅 책을 읽으며 배웠습니다. 한 권 한 권 책을 읽을 때마다 새로운 배움과 깨달음이 있었습니다. 책을 통해 다양한 경력과 분야의 전문가를 만날 수 있었습니다. 시간과 공간을 넘어 과거부터 현재까지 전 세계의 멘토를 만날 수 있었습니다. 그리고 그 덕분에 다른 사람들에게 제가 아는 지식과 경험을 공유할 수 있었고 지금 이 책을 쓸 수 있었습니다.

한 권의 책은 한 명의 멘토와 같습니다. 책을 통해 저자의 지식과 경험을 배우고 나의 문제와 고민 해결에 활용할 수 있어야 합니다. 그리고 한 권의 책에서 하나의 메시지라도 배우고 실행할 수만 있다면 그리고 그것이 나의 삶에 긍정적인 변화를 만들었다면 그 책을 읽은 가치는 충분하다고 생각합니다. 책을 구매하거나 빌리는 비용보다 훨씬 더 큰 가치를 얻은 셈입니다.

바빠서 시간이 없다거나 책을 읽어 본 경험이 없다거나 또는 책이 도움이 안 된다고 하는 사람이라면 아직 자기 삶에 변화를 만들 정도의 실행을 해보지 않은 사람이라고 생각합니다.

국내외 관계없이 크게 성공한 사람들의 공통점 2가지 중 하나는 '독서'를 꾸준히, 많이 한다는 것이고 다른 하나는 '멘토'가 있다는 것입니다. 메타의 마크 저커버그, 애플의 스티브 잡스, 테슬라의 일론 머스크 모두가 독서광입니다. 마이크로소프트의 빌 게이츠는 독서를 위해 1년에 2주의 시간을 따로 보낸다고 합니다.

마크 저커버그의 멘토는 스티브 잡스였습니다. 그리고 스티브 잡스의 멘토라고 불리는 사람은 스튜어트 브랜드입니다. 스튜어트 브랜드는 스티브 잡스의 연설 중 최고로 꼽히는 2005년 스탠포드 대학의 졸업식 연설에서 그가 남긴 "Stay Hungry, Stay Foolish"라는 말을 처음 한 사람입니다. 이 말은 스티브 잡스가 청년 시절에 정말 소중하게 여겼다는 잡지인 『홀 어스 카탈로그Whole Earth Catalog』에 실렸던

글이고 이 잡지를 만든 사람이 바로 스튜어트 브랜드Stuart Brand입니다.

책을 읽는 것은 한 명의 멘토를 만나는 것과 마찬가지입니다. 마케팅 때문에 답답함이 있다면 이미 같은 문제로 고민하고 해결한 경험이 있는 사람의 책을 읽고 배워 실행해야 합니다. 시작이 어려울 뿐 하루 10분 만이라도 지금 느끼는 답답함을 해소하기 위한 노력을 하다 보면 어느새 답답함의 해소뿐만 아니라 새로운 도전을 시작하는 자신을 발견할 수 있으리라 믿습니다.

지금은 다른 사람에게 잘한다는 말을 듣는 일도 처음에는 어떻게 해야 할지 모르는 것이 더 많고 답답했을 것입니다. 나의 답답함을 해소해 줄 수 있는 한 권의 책에서 하나의 메시지라도 한 번의 실행을 꼭 해보시길 바랍니다.

## ❋ 감사의 말

한 권의 책을 쓰기까지 많은 분의 도움이 있었습니다. 이 기회를 빌려서 감사 인사를 드립니다.

우선 저에게 배움과 깨달음을 준 모든 책의 저자들에게 감사의 말씀을 드립니다. 많은 시간과 노력으로 얻은 지식과 경험을 나누어 주었기 때문에, 저 역시 저의 작은 지식과 경험이 필요한 사람과 나눌 수 있었습니다.

일상의 재미와 삶에 도움이 되는 좋은 책을 만들고 있는 다반 출판사의 노승현 대표님에게 감사합니다. 이 책을 쓸 수 있는 기회와 끝까지 마무리할 수 있도록 도와주셔서 감사드립니다.

광고, 마케팅 업계에 있는 동안 많은 분에게 배웠습니다. 이 기회를 빌려 부족한 저를 믿어 주고 일뿐만 아니라 개인의 삶에서도 많은 가르침과 도움을 준 모든 분에게 감사드립니다. Seo JY, Han JH, Ken Lim, Kim YI, Ko MH, Lee YR, Ryan Ro, Kim WS, An HH, Shin YN, Lee JM, Hong JP 감사드립니다.

그동안 저와 함께해 주신 클라이언트에게 감사합니다. 기회를 주신 덕분에 지금의 지식과 경험을 쌓을 수 있었습니다. 특히 수년째 저를 믿고 함께 하고 계신 '놀던스파이, 바나나투나잇' 임직원분들과 '문경약돌 축산물 명품화협의회' 김민정 국장님, 이미용 과장님 감사드립니다.

과분하게도 저를 멘토라고 불러준 『1퍼센트 블로그 마케팅의 법칙』의 저자 이승윤 대표님, 제가 아는 가장 실력 있고 믿을 수 있는 크리에이티브, 인터랙티브 웹에이전시 엠펀치의 김효준 대표님, 언제나 제가 가장 믿고 의지할 수 있는 영원한 팀원 박진영님에게 감사드립니다.

저의 소셜미디어에서 많은 관심과 지지해 주시는 모든 분과 전자책 후원자, 독자분에게 감사드립니다. 부족하고 미흡한 제가 작가의 첫발을 내디딜 수 있는 큰 힘이 되어 주셨습니다.

저의 청춘과 중년을 함께 보내고 있는 스위시 선후배, 헤이데이 선후배에게 감사드립니다. 특히 김재우 선배님, 최형근 선배님, 이상준 선배님, 안영환 선배님에게 감사드립니다.

우리 가족을 믿고 도와주신 평촌친구들, 이윤나, 현미정, 항상 큰 의지가 되어 주는 태을이네 가족과 제인이네 가족에게 감사드립니다.

사랑하는 우리 가족에게 감사드립니다. 어렵고 힘들 때마다 다시 시작하고 도전할 수 있었던 건 모두 가족의 사랑과 믿음 덕분이었습니다. 김선욱, 김화선, 이기훈, 고귀임 부모님, 김미선 이모님, 김상호, 김주원, 이선미, 이순천, 임용현 형제와 자매 모두 감사드립니다.

마지막으로 이인복, 김동환 언제나 사랑하고 감사합니다. 제가 하는 모든 일의 의미입니다.


2023년 무더운 여름의 끝자락에서
마케팅코디 흑상어쌤

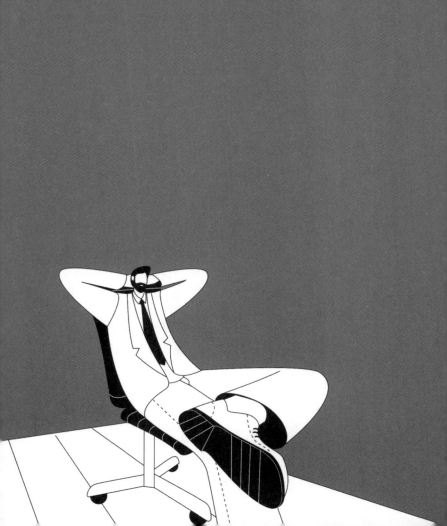

# 마케팅 모르고 절대 사업하지 않습니다

15년 차 마케터가 사장님에게 묻는 9가지 마케팅 질문

**글** 흑상어쌤
**발행일** 2023년 8월 30일 초판 1쇄

**발행처** 다반
**발행인** 노승현
**책임편집** 민이언
**출판등록** 제2011-08호(2011년 1월 20일)
**주소** 서울특별시 마포구 양화로81 H스퀘어 320호
**전화** 02-868-4979 팩스 : 02-868-4978

**이메일** davanbook@naver.com
**홈페이지** davanbook.modoo.at
**블로그** blog.naver.com/davanbook
**포스트** post.naver.com/davanbook
**인스타그램** @davanbook

ⓒ 2023, 흑상어쌤

**ISBN** 979-11-85264-73-8 03320